Anonymous

Der internationale bimetallistische Kongress zu Köln

am 11.-13. Oktober 1882 - Heft 8

Anonymous

Der internationale bimetallistische Kongress zu Köln
am 11.-13. Oktober 1882 - Heft 8

ISBN/EAN: 9783743676022

Hergestellt in Europa, USA, Kanada, Australien, Japan

Cover: Foto ©ninafisch / pixelio.de

Weitere Bücher finden Sie auf **www.hansebooks.com**

Schriften

des

Deutschen Vereins für internationale Doppelwährung.

Heft 8.

Der internationale

bimetallistische Congreß

zu

Köln

am 11.—13. October 1882.

Stenographischer Bericht der Verhandlungen.

Berlin 1882.

Walther & Apolant,

Markgrafenstr. 60.

Im Nachstehenden bringen wir unsern Lesern den stenogra=
phischen Bericht über die öffentliche Versammlung des deutschen
Vereins für internationale Doppelwährung im Isabellen=Saale
des Gürzenich am Abend des 12. Oktober.

Als der deutsche Verein für internationale Doppelwährung
den Plan faßte, einen bimetallistischen Congreß in Köln abzu=
halten, waren 3 Motive hierfür maßgebend:

1. Der Diskussion über die Währungsfrage in Deutsch=
   land und im Auslande einen neuen Impuls zu geben.
2. In einer Vorstandssitzung ein festpräcisirtes Programm
   der deutschen Bimetallisten festzusetzen und zu publiciren.
3. Mit den Vertretern der International Monetary
   Standard Association eine Zusammenkunft zu halten,
   um womöglich zwischen den englischen und deutschen
   Bimetallisten eine gemeinsame Währungspolitik zu
   vereinbaren.

Die dem Bimetallismus feindliche Presse hat sich beeilt,
das „Fiasco" dieses Congresses zu verkünden. Ein abjectiver
Beurtheiler wird prüfen, ob durch den Kölner Congreß die bi=
metallistische Sache gefördert ist oder nicht. Wir unsererseits
glauben Grund zu haben, mit dem errungenen Erfolge vollauf
zufrieden zu sein.

Der Congreß hat bei allen Theilnehmern Siegeszuversicht,
Begeisterung für die bimetallistische Idee und vermehrten Eifer
für die bimetallistischen Agitationen hinterlassen, der beste Beweis
dafür, daß wir einen Erfolg und nicht einen Nichterfolg zu ver=
zeichnen haben.

Die Anhänger der Goldwährung sollten einmal versuchen,
eine ähnliche Kundgebung zu Stande zu bringen!

In unmittelbarer Anlehnung an den Kölner Congreß haben
sich in Sachsen und in den Rheinlanden Zweigvereine unsres
Vereins gebildet, am 30. Oktober sprach sich der Verein für
Deutsche Volkswirthschaft in Berlin zustimmend zu unsern Be=
schlüssen aus, am 31. Oktober in Dresden, am 8. November in
Köln, am 11. November in Leipzig sind bimetallistische Ver=

sammlungen abgehalten worden. Ueberall fanden unsere An=
schauungen Beifall und neue Anhänger.

Die Mitgliedzahl unseres Vereins hat 500 bereits über=
schritten, die Zahl der Preßorgane, die in den Kampf gegen die
Goldwährung eintreten, vermehrt sich erheblich, auch in liberalen
Kreisen beginnt sich Interesse und Verständniß für die Währungs=
frage zu regen.

Im Hinblick auf diese Thatsachen wird man uns nicht be=
streiten können, daß wir unser erstes Ziel erreicht und die Dis=
kussion über die Währungsfrage neubelebt haben. Nicht minder
aber hatte unser Bestreben, ein offizielles Parteiprogramm zu
publiciren, den besten Erfolg; in einer Reihe von 8 Thesen, die
den Verhandlungen am 12. Oktober zu Grunde gelegt wurden,
ist das Glaubensbekenntniß der deutschen Bimetallisten nieder=
gelegt. Dasselbe gipfelt in den Sätzen: Kein isolirtes Vorgehen
Deutschlands, Doppelwährung nur in Gemeinschaft mit England,
aber definitive Beibehaltung des deutschen Silberbesitzes, da eine
Wiederaufnahme der deutschen Silberverkäufe zu einer furchtbaren
Handelskalamität führen muß.

Der Congreß in Köln hatte aber auch noch hierüber hinaus
einen entschiedenen Erfolg. Während meist derartige Versamm=
lungen mit Reden und Resolutionen enden, führte unsere Ver=
sammlung zu einer That. Die anwesenden Mitglieder des
Reichstages vereinigten sich dahin, einen Gesetzentwurf in der
nächsten Reichstagssession einzubringen, der endlich die schädigende
Ungewißheit unseres Münzsystems beendigen soll. Die wesent=
lichen Bestimmungen dieses Gesetzentwurfs, dem bereits hervor=
ragende Mitglieder des Centrums, der Reichspartei und der
deutschconservativen Fraktion, Vertreter der Reichslande und An=
gehörige der nationalliberalen Fraktion zugestimmt haben, sind
folgende:

1. die goldenen 5 Markstücke werden beseitigt,
2. die Thaler werden definitiv beibehalten,
3. die 2 und 5 Markstücke, die jetzt 25 Procent unter=
   werthig sind, werden entsprechend den Thalern gemäß
   dem Werthverhältniß 1 : 15,5 umgeprägt und erhalten
   wie die Thaler unbedingte Zahlkraft.

Diese gemäßigten Forderungen dürften um so mehr die
Zustimmung auch vieler bisheriger Gegner des Bimetallismus
finden, als dem gegenüber die Führer der Goldwährungspartei
wieder energisch auf eine Wiederaufnahme der deutschen Silber=
verkäufe drängen.

Es leuchtet aber jetzt so ziemlich allgemein ein, daß deutsche
Silberverkäufe das Signal zu einer allgemeinen Durchführung
der Goldwährung sein würden und daß die Verallgemeinerung
der Goldwährung in Folge des nicht mehr fortzuleugnenden Gold=

mangels die ganze wirthschaftliche Entwickelung der Kulturwelt auf das Ernsteste gefährden müßte.

Selbst entschiedene Anhänger der Goldwährung werden deshalb stutzig, ob sie den extremen Forderungen der Goldwährungspartei à outrance folgen sollen, um so mehr als das so gemäßigte Programm der Bimetallisten viele bisherige Gegner mit unsern Bestrebungen ausgesöhnt hat.

Welch' großen Erfolg uns gerade in dieser Beziehung der Kölner Congreß gebracht hat, wird die Zukunft lehren.

Aber auch unser drittes Ziel ist in erfreulichster Weise erreicht. Die Vertreter der englischen Liga, die in Köln erschienen waren, sind von der gegnerischen Presse in einer Art persönlich heruntergezogen worden, die beweist, daß der Fanatismus gegen den Bimetallismus nicht einmal die Rechte der Gastfreundschaft achtet. Wir lasen überall, daß „vier wenig bekannte Engländer" erschienen seien. Daß diese Engländer nicht als Privatpersonen, daß sie als Deputirte einer hochangesehenen Association in Deutschland weilten — das wurde verschwiegen.

Leider waren der Präsident und der Vicepräsident der englischen Liga, M. Gibbs, Direktor der Bank von England und M. Cazalet durch Krankheit verhindert, zu erscheinen, M. Grenfell, Gouverneur der Bank von England, war uns bereits als Deligirter avisirt, noch im letzten Augenblick hinderten ihn seine Berufsgeschäfte an der Reise. Ein Brief, den M. Greufell an seine Liga gerichtet, ist publicirt und wird in der nächsten Nummer dieser Correspondenz zum Abdruck gelangen.

Wir hatten das Vergnügen, in Köln die Herren Tibman, Langley, Fisch und Heilgers zu begrüßen, von denen M. Tibman, Ehrensekretair der englischen Association, als einer der wichtigsten Vorkämpfer des Bimetallismus in England zu betrachten ist. Zu unserer lebhaften Freude gelang es uns, mit unsern englischen Freunden über die nächsten Schritte ein Einvernehmen zu erzielen. „Freie Ausprägung beider Metalle in allen Ländern," ist das Programm der englischen Liga, dies zu erstreben ist und bleibt auch unser letztes Ziel. Aber wir verhehlen uns nicht, daß bis zur Erreichung dieses Zieles viel Zeit verstreichen, viel Noth über uns hereinbrechen wird.

Als praktische Politiker streben wir demnach dahin, dem großen Ziel schrittweise entgegenzukommen, zunächst immer das Gleicherreichbare ins Auge zu fassen.

Erreichbar ist, daß auf dem Wege des Compromisses zunächst Silberentwerthung und Goldmangel, diese Krebsschäden der wirthschaftlichen Entwickelung, beseitigt werden. Hierzu ist nöthig, daß Deutschland und England sich über gemeinsame Concessionen vereinbaren, die den bimetallistischen Staaten ermöglichen, zu Gunsten des Silbers zu interveniren.

In diesem Sinne haben die deutschen Bimetallisten den von ihnen projektirten Gesetzentwurf der Regierung in diskretionäre Gewalt gegeben. Dieser Gesetzentwurf enthält nämlich die Bestimmung, daß es dem Bundesrath überlassen bleibt, wann derselbe Gesetzkraft erlangt. Mit andern Worten, die Regierung kann das Inkrafttreten desselben von Unterhandlungen mit dem Auslande abhängig machen. Es ist uns nun gelungen, mit den englischen Delegirten die Grundlagen anzugeben, die diese Unterhandlungen zwischen Deutschland und England haben müssen; dieselben sind in Form einer Resolution niedergelegt, deren gemeinsame Vertheidigung nunmehr das Ziel der deutschen und englischen Bimetallisten ist.

Gelingt es den Regierungen Deutschlands und Englands sich zu verständigen, so ist auf einen Wiederzusammentritt der Pariser Münzconferenz und auf eine endliche befriedigende Lösung der Währungsfrage zu hoffen.

Daß in letzter Zeit Verhandlungen zwischen den Kabineten von Berlin und London stattfanden, ist durch die Presse bekannt geworden.

So ist demnach auch nach dieser Seite hin der Congreß von vollkommenstem Erfolg gekrönt, nichtsdestoweniger ist unter unsern Gegnern das beschämende Fiasco des Congresses zur faible convenue geworden, mit der man sich und das Publikum täuscht.

Es sind allerdings nicht alle Celebritäten erschienen, die wir eingeladen hatten, allein es vermag nicht Jeder eine weite Reise jederzeit zu unternehmen. Durchweg erhielten wir zustimmende Briefe und Depeschen. Einige, wie der holländische Minister Brolik, wurden nach anfänglicher Zusage im letzten Augenblick verhindert.

Allein die Einladung dieser Celebritäten war mehr ein Akt der Courtoisie, wir verfolgten praktische Zwecke und diese sind erreicht. Der Besuch aus Köln und den Rheinlanden war ein distinguirter, eine Volsversammlung abzuhalten war nicht unsere Absicht, die Männer, die aus allen Theilen Deutschlands hier zusammen kamen, repräsentirten weite Kreise der deutschen Nation. Wir haben noch nie gehört, daß man an derartige Versammlungen den Maßstab der Zahl anlegt.

Wir wollen nunmehr einen Ueberblick über die Verhandlungen des Congresses geben.

Alle Vorbereitungen waren von unserem Localkomitee trefflich geleitet, in den altehrwürdigen Räumen des Gürzenich fanden sich am Abend des 11. Oktober die Theilnehmer des Congresses zusammen. Der Verein der Industriellen des Regierungsbezirks Köln hatte seine Mitglieder zu einer Versammlung berufen, in welcher Dr. Otto Arendt einen Vortrag über die Währungsfrage hielt. Der Vorsitzende der Versammlung, zugleich der Vorsitzende

unjeres Localcomitees, Herr v. b. Zypen, eröffnete die Versamm=
lung mit warmen Worten der Begrüßung, der Saal war über=
füllt, eine große Zahl der Zuhörer mußte stehend oder im Vor=
raum des Saales den Vortrag anhören. Obwohl der Redner
1½ Stunden sprach, fesselte er doch die gespannteste Aufmerksam=
keit der Versammlung. Arendt gab einen historischen Abriß der
Währungsfrage und that dar, daß die bimetallische Verständigung
das nothwendigste Produkt der historischen Entwickelung ist.

Am Morgen des 12. Oktober fand nun Vorstandssitzung
unseres Vereins statt. Zunächst wurde die Organisation des
Vereins besprochen. Der Reichstags = Abgeordnete Geheimer
Bergrath Leuschner—Eisleben wurde zum stellvertretenden Vor=
sitzenden gewählt und der Vorstand um folgende Mitglieder ver=
mehrt:

Geheimer Commerzienrath Baare, Präsident der Handels=
kammer, Bochum.

Verlagsbuchhändler Bachem, Köln.

Commerzienrath W. v. Born, Präsident der Handels=
kammer, Dortmund.

Hüfer, Präsident der Handelskammer, Münster.

Mulvany, Präsident des Vereins für wirthschaftliche In=
teressen Rheinlands und Westfalens, Düsseldorf.

Geheimer Commerzienrath Pastor, Aachen.

Staatsminister a. D., Freiherr von Roggenbach, Bonn.

Geheimer Commerzienrath Zschille, Dresden.

Fabrikbesitzer v. b. Zypen, Köln.

In der Vorstandssitzung wurden ferner die für die öffent=
liche Versammlung vorbereiteten Thesen, Resolutionen und Ge=
setzentwürfe besprochen und einstimmig gutgeheißen.

Der Vorstand wählte dann aus seiner Mitte Delegirte, die
mit den Vertretern der englischen Liga in Verhandlung traten
und die „internationale Resolution" festsetzten, welche Abends der
Versammlung vorgelegt wurde.

Gleichzeitig fanden in einem andern Saal des Gürzenich
Besprechungen statt, die dahin führten, daß die Bildung von
Zweig= und Local = Vereinen beschlossen wurde, um die bime=
tallistischen Ideen zu verbreiten.

Es wurde sogleich die Bildung solcher Zweigvereine für das
Königreich Sachsen und für Rheinland und Westfalen beschlossen
und inzwischen sind denn auch beide Zweigvereine ins Leben ge=
treten. In unserer nächsten Nummer werden wir hierüber aus=
führlicher berichten. Am Abend des 12. Oktober fand in dem
prächtigen Isabellen=Saal des Gürzenich die öffentliche Versamm=
lung statt, welche den eigentlichen Kernpunkt des Congresses bil=
dete. Wir geben die an diesem Abend gehaltenen Reden nach=
stehend nach dem Stenogramm wieder, so daß unsere Leser sich
selbst ein Urtheil darüber bilden können, ob wir Grund haben,

mit dem Ergebniß der Versammlung zufrieden zu sein, oder ob unsere Gegner Recht haben, wenn sie von „einem beschämenden Fiasco" unseres Congresses sprechen.

Der dritte Tag des Congresses war nur noch geselligen Zwecken gewidmet, ein Festmahl im Casino schloß den Congreß.

Den Verhandlungen am 12. Oktober waren eine Reihe von Thesen zu Grunde gelegt, die wir nachstehend wiedergeben.

I.

Die Währungsfrage ist nicht national, sondern international. Jedes Land ist von der Münzgesetzgebung aller Länder abhängig, weil jede Aenderung der Münzgesetzgebung den Edelmetallwerth berührt und der Edelmetallwerth die Grundlage des Geldwesens der Kulturwelt bildet. Der einzelne Staat ist deshalb nicht im Stande, die so nothwendige Werthbeständigkeit des Geldes her=zustellen, hierzu bedarf es vielmehr einer Verständigung der Haupthandelsvölker über eine gemeinsame und gleiche Regelung der Münzsysteme. Diese Verständigung aber ist auf dem Boden jeder einfachen Währung unmöglich, weil keines der beiden Edel=metalle allein für die Geldbedürfnisse der Menschheit ausreicht. Hieraus folgt mit Nothwendigkeit, daß eine Consolidation des Geldwesens nur durch die internationale vertragsmäßige Doppel=währung herzustellen ist.

II.

Gelingt eine Verständigung der Völker über die vertrags=mäßige Doppelwährung nicht, so ist eine weitere Verdrängung und Entwerthung des Silbers und ein allgemeines Streben nach Einführung der Goldwährung unvermeidlich. Schädigt aber eine weitgehende Silberentwerthung die productive Arbeit ebenso wie den gesammten Welthandel auf das Empfindlichste, so wird der heute schon bemerkbare Goldmangel in diesem Falle zu einer furchtbaren Arbeitskrisis und Handelskalamität ausarten. Weder die im Abnehmen begriffene Goldproduction noch der bereits jetzt unzureichende Goldvorrath gestatten eine weitere Vermehrung der Nachfrage nach Gold, ohne daß eine Vertheuerung des Geldes mit ihren socialen Gefahren eintritt. Ueberdies muß unzureichend gedecktes Papiergeld an die Stelle der Metallcircu=lation treten und neben hochgradig unterwerthiger Scheidemünze die Solidität des gesammten Geld= und Creditwesens untergraben.

III.

So ernsten Gefahren gegenüber bleibt als alleiniges Rettungsmittel die Herstellung der internationalen vertrags=mäßigen Doppelwährung. Daß durch diese das Werthverhältniß zwischen Silber und Gold fixirt werden kann, ist wissenschaftlich erwiesen und wird in Deutschland auch von den wissenschaftlichen Gegnern des Bimetallismus, wie Soetbeer und Nasse anerkannt. Nur die Wiedereinführung des Silbers als Weltgeld kann dem

Goldmangel ein Ende machen und die Silberentwerthung be=
seitigen. Ein Sinken des Geldwerthes ist von der Einführung
des Bimetallismus nicht zu fürchten, da die Silberbestände von
der Entwerthung überwiegend bisher nicht betroffen sind, eine
große Zahl von Staaten ihr ungedecktes Papiergeld durch Silber
ersetzen werden und die Silberproduction weder übermäßig groß
ist, noch übermäßig ausgedehnt werden kann. Nebst der Be=
seitigung der durch die Goldwährung drohenden Gefahren und
der Begründung der Währungseinheit der Kulturwelt wird die
Durchführung des Bimetallismus zu einer wesentlichen Be=
schränkung des ungedeckten Papiergeldes führen und damit die
Solidität des Verkehrs erhöhen und die Discontschwankungen
beschränken.

IV.

Die öffentliche Meinung Deutschlands würde das Zustande=
kommen des Bimetallismus freudig begrüßen, sobald England
sich demselben anschließt. Die überwiegende Zahl der Anhänger
der Goldwährung in Deutschland hält nur darum an dem Princip
der Goldwährung fest, weil man die bimetallistischen Bestrebungen
in England für aussichtslos erachtet. Im Augenblick bedürftig
es nur der Zustimmung Englands und die Verständigung der
Völker über den Bimetallismus wäre erzielt. So lange aber
England bei der Goldwährung beharrt, wird weder die Regierunr
noch die öffentliche Meinung Deutschlands eine Freigabe dee
Silberausprägungen zugestehen und es würden demnach alle
Bemühungen für das Zustandekommen des Bimetallismus ver=
geblich bleiben. Von der Einsicht des englischen Volkes hoffen
wir, daß es den Segen und die Nothwendigkeit der vertrags=
mäßigen Doppelwährung erkennen und durch Annahme des
Bimetallismus den wirthschaftlichen Verkehr der Nationen um
ein neues bedeutendes Förderungsmittel bereichern werde.

V.

Die Geld= und Münzverhältnisse aller Länder sind gegen=
wärtig verwirrt und unhaltbar. England leidet durch seine
indischen Besitzthümer am meisten unter der Silberentwerthung
und als Hauptmarkt des Goldes empfindet es die Folgen des
internationalen Goldmangels am Härtesten. Allein überall auf
dem Continent von Europa, wie in den Vereinigten Staaten von
Nord=Amerika bildet die Circulation von Milliarden entwertheten
Silbergeldes eine ernste Bedrohung der Sicherheit des Geldwesens,
überall würde sich die Einführung der Goldwährung als noth=
wendig erweisen, wenn es nicht gelingt, den Siberwerth wieder
herzustellen. Die hervorragendsten Männer aller Länder unter=
stützen deshalb auf das Eifrigste die bimetallistischen Bestrebungen
und die Regierungen Frankreichs, Italiens, Hollands, Spaniens

und der Vereinigten Staaten haben die Durchführung des Bimetallismus zum Ziel ihrer Währungspolitik gemacht.

VI.

Silberentwerthung und Goldmangel haben empfindlichen Schaden insbesondere auch für die Entwickelung des deutschen Handels und für den deutschen Wohlstand mit sich gebracht· Der Export nach den amerikanischen und asiatischen Silberländern ist beschränkt, die so wichtige, Silberproducirende Deutsche Hütten=industrie schwer geschädigt, Handel und Wandel durch häufige Disconterhöhungen in Folge des Kampfes ums Gold erheblich gestört. Abhilfe erscheint bringend nothwendig, ein Beharren Deutschlands bei der Goldwährung aber würde alle diese Uebel=stände gewaltig verschärfen. Gelänge es der deutschen Gold=währungspartei ihrem Programm gemäß eine Wiederaufnahme der deutschen Silberverkäufe durchzusetzen, so würde man vom pessimistischen Standpunkt aus vielleicht annehmen können, daß die hieraus erwachsenden schweren Calamitäten die gesammte Welt von der Unmöglichkeit überzeugen würden, auf die Aus=dehnung der Goldwährung zu beharren, immerhin aber würde eine solche Maßregel aufgefaßt werden, als ein Sieg der Goldwährungspartei, die Silberentwerthung und die Goldnach=frage würde sich unberechenbar steigern, und zu einer ernsten Gefährdung unserer gesammten Wirthschaftsordnung führen. Die definitive Beibehaltung der in Deutschland noch cirkulirenden Silberthaler, mithin der Bruch mit dem Princip der Goldwährung ist folglich eine unabweisbare Nothwendigkeit.

VII.

Unsere Bemühungen müssen demnach darauf gerichtet sein, solange der Widerstand Englands die Erreichung der vertrags=mäßigen Doppelwährung verhindert, durch Erstrebung eines Uebergangsstadiums die Härten und Gefahren der gegenwärtigen Situation zu mildern und die Einführung des Bimetallismus vorzubereiten. Wir streben deshalb in erster Linie dahin, eine Wiederaufnahme der deutschen Silberverkäufe durch definitive Beibehaltung der Silberthaler unmöglich zu machen. Ist dies geschehen, so ist der Grund beseitigt, weswegen dem Silber die europäischen Münzstätten geschlossen wurden. Wir hoffen, daß es dann gelingen wird, durch allmählige Wiederaufnahme limitirter Silberausprägungen den Silberwerth zu heben. So werden einerseits die etwaigen Störungen bei plötzlicher Werth=steigerung des Silbers vermieden, während andererseits durch Beseitigung der Silberentwerthung ein Hauptbedenken gegen den Bimetallismus fortfällt.

VIII.

Die deutschen Bimetallisten halten daran fest, daß Deutsch=land die Goldvaluta aufrecht erhalten muß, so lange England

das Gleiche thut. Die Bimetallisten einer Gefährdung der
Valuta zu bezüchtigen, kann deshalb nur Folge von Unkenntniß
oder böser Absicht sein. Die deutschen Bimetallisten wollen aber
mit dem Verlangen nach definitiver Beibehaltung unserer jetzigen
Circulationsmittel den Anstoß zu einer Beseitigung der Silberentwerthung und des Goldmangels geben. Andererseits verlangt
die deutsche Goldwährungspartei Wiederaufnahme der deutschen
Silberverkäufe und mithin enthalten deren Bestrebungen eine
ernste Gefahr für unsere wirthschaftliche Entwickelung. Sache
der öffentlichen Meinung ist es, sich darüber zu entscheiden, ob
das deutsche Silber zu verkaufen ist oder nicht, hierüber die durch
eine fachunkundige, parteiische Presse irre geführte öffentliche
Meinung aufzuklären, ist Zweck und Ziel der bimetallistischen
Bewegung.

Die Versammlung wurde eröffnet durch den Vorsitzenden
Reichstagsabgeordneten von Kardorff = Wabnitz mit folgender
Ansprache:

Indem ich die heutige Versammlung eröffne, bitte ich, mir
einige einleitende Worte zu gestatten. Daß die Regelung der
Geldverhältnisse eines Landes, die richtige Gestaltung und Nor-
mirung seiner Währungs= und Valutenverhältnisse von bedeutendem
Einflusse auf die wirthschaftliche Entwicklung eines jeden Landes
ist, ist eine Thatsache, die von Niemand bezweifelt wird. Ich
meine also, es sind keine unwichtigen und keine wenig bedeut-
samen Fragen, mit denen wir uns hier zu beschäftigen haben
werden. Wenn weiter die Erfahrung grade der letzten Jahre
gelehrt hat, daß die Störung der Geldverhältnisse in einem
einzelnen Lande, nicht bloß zur Schädigung dieses einzelnen
Landes führt, sondern daß alle Länder in Mitleidenschaft gezogen
werden, welche mit diesem Lande in Handels= und Verkehrsver-
bindung stehen, wenn wir selbst erlebt haben, daß die Silber=
Entwerthung, welche in Folge der Einführung der Gold=
währung in Deutschland eingetreten ist, alle Verkehrsver=
hältnisse bis in die fernsten Theile Asiens und Amerikas ge=
schädigt hat, so werden wir anerkennen müssen, daß es nicht
eine nationale Frage, sondern eine internationale Frage von
eminenter Bedeutung ist, über die wir verhandeln. Aus diesem
Gesichtspunkte haben wir uns verpflichtet gehalten, nicht nur
diejenigen Herren zu unserer Versammlung einzuladen, von denen
wir glaubten, daß sie in Deutschland unsere Bestrebungen theilten,
sondern wir haben uns auch an das Ausland, an diejenigen
Kräfte gewandt, welche mit uns seit Jahren in demselben Sinne
thätig sind und m. H., unsre Bemühungen sind, wie ich glaube,
von einem glücklichen Erfolge begleitet gewesen. Wir begrüßen
hier in der Versammlung als Vertreter der schweizerischen Eid=
genossenschaft Herrn Ghsin, den Director der Baseler Handels=

bank; als Vertreter von Belgien den bekannten Vorkämpfer für Bimetallismus, Emilie de Lavelehe, Lüttich.

Aus Holland hat Brolik, nachdem er bereits sein Erscheinen hier zugesagt, noch in letzter Stunde in Folge einer Erkrankung abgesagt mit dem Hinzufügen, daß er und seine Landsleute die Verhandlungen mit seiner lebhaften Sympathie begleiten. In gleicher Weise hat Herr Luzzatti uns seine freundlichen Sympathien mit unseren Bestrebungen ausgesprochen und sein Bedauern ausgedrückt, daß es ihm und den Italienischen Bimetallisten durch parlamentarische Wahlgeschäfte und andrerseits durch seine durch die Ueberschwemmungen in Ober-Italien hervorgerufene Thätigkeit unmöglich gemacht worden sei, hier zu erscheinen.

Aus den Vereinigten Staaten hatten wir die Hoffnung, einen anderen Vorkämpfer des Bimetallismus Mr. Henry Carey Baird hier unter uns zu sehen, da er bis vor Kurzem auf dem Continent weilte; das Unglück hat es leider gewollt, daß er durch die Nothwendigkeit gezwungen wurde, früher den Continent zu verlassen, als es seine Absicht war und er hat uns in einem sehr sympathischen langen Briefe sein Bedauern darüber ausgesprochen, und die Hoffnung ausgedrückt, daß unsere Bestrebungen von einem praktischen Erfolge begleitet seien.

Aus Oesterreich wußten wir auch leider schon im Voraus durch Correspondenzen, daß die Herren, auf die wir besonders gerechnet hatten, nämlich die Herren Eduard Süß, der bekannte Verfasser des so werthvollen Werkes „Die Zukunft des Goldes", sowie der bekannte National-Oekonom Herr Lorenz v. Stein und der Reichsraths-Abgeordnete Herr Neuwirth verhindert seien, hier zu erscheinen.

Die Herren haben aber noch gestern folgendes Telegramm gesandt:

„Verhindert, freundlicher Einladung zu folgen, wünschen wir Ihren Bestrebungen mit theilnahmsvollem Interesse vollen Erfolg." Sueß, Neuwirth, L. v. Stein. Aus Frankreich haben wir den Vorzug, hier zu sehen die Herren Ottomar Haupt und Scotsman. Aus England endlich hat die dortige Vereinigung für Herbeiführung einer internationalen Währung mehrere Herren Delegirte entsandt, welche uns die Freude gemacht haben, hier zu erscheinen. Es sind dies die Herren Ed. Langley, B. Kisch, J. W. Heilgers und Paul F. Tidman.

Wir hatten mit Zuversicht darauf gerechnet, den Gouverneur der englischen Bank Herrn Grenfell hier zu sehen, der bis zum letzten Moment entschlossen war, hierher zu kommen und erst vor wenigen Tagen uns mittheilte, daß es ihm seine Amtsgeschäfte unmöglich machten, hier zu erscheinen, um so mehr als Director Gibbs schwer an der Gicht erkrankt sei. Wer von den Herren in London bekannt ist, wird wissen, daß Donnerstags in London das Bank-Präsidium schwer fehlen kann. Vielleicht wird

einer der Herren Delegirten aus England noch die Gelegenheit
nehmen, aus einem Briefe des M. Grenfell im Laufe der Ver=
sammlung hier einiges vorzulesen. M. H. Aber nicht allein
aus dem Auslande, auch aus Deutschland haben wir das
Bewußtsein, Repräsentanten hier zu sehen von Kreisen, die doch
einige Bedeutung besitzen. Es sind u. A. hier Herr Bern=
hardi, als Delegirter der Dortmunder Handelskammer, Vertreter
des Sommerfelder Fabrikanten=Vereins, Vertreter der Freiberger
Berggenossenschaft. Wir sehen Vertreter aus allen Theilen
Deutschlands hier, welche die weite Reise nicht scheuten, um hier
für den Bimetallismus Zeugniß abzulegen.

M. H. Ich glaube, die hiesige Versammlung wird man
schwerlich von vorneherein als mißglückt bezeichnen können, wie
unsre Gegner das bereits thun. Aus allen Gauen Deutschlands, zum
großen Theile auch aus dem Auslande haben sich die Vertreter
zusammengefunden, welche dieselben Ziele verfolgen. Und so
lassen Sie uns denn, m. H., mit dem ruhigen Bewußtsein in die
Discussion eintreten, daß, wenn wir auf falschem Wege sind,
wenn wir wirklich irre gehen sollten, gerade die Klarlegung und
Besprechung unserer Sache unseren Gegnern Waffen in die
Hand drücken wird, uns zu besiegen und, meine Herren, wenn
wir im Unrecht sind, dann sollen wir besiegt werden. Aber
m. H., wenn wir auf dem richtigen Wege sind, wenn wir die
Wahrheit vertreten, dann dürfen wir hoffen, daß gerade die
heutige Besprechung dazu beitragen wird, diese Wahrheit durch
die Welt zu tragen.

Zu These I ergreift das Wort:
Reichstagsabgeordneter von Reden (Prov. Hannover).

M. H.! Der Herr Vorsitzende hat Sie bereits auf die
Wichtigkeit der Währungsfrage aufmerksam gemacht. Ich möchte
wohl noch weiter gehen und sagen, sie ist als die allerwichtigste
nationalökonomische Frage anzusehen, wenn man nämlich die Möglich=
keit der Geldvertheuerung, die in ihr verborgen liegt, sei es daß
diese bereits eingetreten ist oder doch bald eintreten wird, zu=
geben muß. Ja, m. H., von diesem Gesichspunkte aus wird sie
viel wichtiger, als unsere Steuer=Reform und socialpolitischen
Aufgaben, denn letztere können, wenn sie auch wirklich in Ueber=
einstimmung mit der Volksvertretung zu einem günstigen Ende
geführt sind, in ihren Resultaten zur heilsamen Wirkung für
alle nicht gelangen, so lange die Währungsfrage ungelöst bleibt,
so lange die Werthschwankungen dauern, so lange wir eine
Geldvertheuerung zu fürchten haben. Und ich glaube, wenn man
die socialen Folgen einer Geldvertheuerung kennt, wird man mir
in diesem Punkte Recht geben.

Ich glaube, m. H., daß die Wahl des Versammlungsortes
hier in Cöln in dem Centrum einer reichen und intelligenten

Induſtrie eine paſſende und glückliche iſt; hier in der Mitte der
Gewerbe und induſtriellen Thätigkeit muß die Bedeutung der
Währungsfrage doppelt gefühlt werden, hier gerade werden die
Schatten empfunden werden, welche die noch immer der Ent=
ſcheidung harrende Aufgabe auf alle producirenden Kreiſe wirft.
M. H.! Ein einzelner Staat iſt nicht im Stande dieſe Aufgabe
für ſich zu löſen, weil er abhängig wird von der Münz=Geſetz=
gebung ſeiner Nachbarn. Jede Aenderung in der Münz=Geſetz=
gebung ändert auch den Edelmetallwerth. Alle geſetzlichen Be=
ſtimmungen, die ſich beziehen auf das Verhältniß von Silber zu
Gold u. ſ. w. müſſen den Edelmetallwerth treffen, der beſtimmt
wird durch die Art der Benutzung des Metalles als Geld, dem
als geſetzlichem Zahlungsmittel eine ſchuldentilgende Kraft bei=
gelegt wird.

Jede Münzgeſetzgebung berührt den Preis des Metalles,
weil die geſetzlichen Beſtimmungen einen Einfluß ausüben auf
die Nachfrage nach dem Metalle und zwar in einem Umfange,
der entſprechen wird der financiellen Macht eines Landes, und
dieſe Wirkung des durch das Geſetz erzeugten Angebots und der
Nachfrage wird nicht blos im Inlande ſondern auch im inter=
nationalen Verkehre empfunden werden. Unſer bedeutendſter
wiſſenſchaftlicher Gegner hat geſagt bei Gelegenheit einer Be=
ſprechung der franzöſiſchen Doppelwährung, daß der Einfluß der
Münzgeſetzgebung ſehr hoch anzuſchlagen ſei, aber es ſei nicht
das Münzgeſetz an ſich, ſondern es ſeien „die thatſächlichen Fac=
toren des Angebots und der Nachfrage, welche durch das Münz=
geſetz bedingt würden.‟ M. H., ich glaube kaum, daß dieſes Wort
etwas Anderes bedeutet, als was ich vorhin geſagt habe. Ja
der Preis richtet ſich überhaupt nach Angebot und Nachfrage und
dieſe Factoren werden bedingt durch das Münzgeſetz. Außer=
dem muß man hinzufügen, daß die Wirkung des durch das Geſetz
beeinflußten Angebots und der Nachfrage bei Edelmetallen in ihrem
Preiſe um ſo mehr hervortreten muß, da die Edelmetalle
nicht beliebig vermehrbar ſind; ſie unterliegen nicht den
allgemeinen Productions = Geſetzen, weil die Productions=
koſten nicht ihren Preis beſtimmen, wie bei den übrigen
Metallen, wie z. B. beim Eiſen, das in großer Menge
vorhanden iſt. Sie haben einen gewiſſen Seltenheitspreis und
deshalb hat man die Edelmetalle zu Münzmetallen gewählt und
beraubt man ſie ihrer Eigenſchaft, als Münzmetalle zu dienen,
ſo können ſie im Werthe ſinken in einer Weiſe, wie wir ſolches
nicht vorauszuſehen vermögen. — Auf dem Edelmetallwerthe beruht
die Grundlage unſeres ganzen Geldweſens. Schwankt dieſer
Werth, ſo wird damit auch das Gedeihen des Handels und der
Induſtrie in Frage geſtellt.

Kein Land iſt im Stande an ſeiner Münzgeſetzgebung zu
rütteln, ohne daß die übrigen Länder in Mitleidenſchaft gezogen

werden. Es zeigt sich also klar, daß die Währungsfrage keine nationale, sondern eine internationale ist. Die Beziehungen zum Auslande treten sofort scharf hervor, weil der ganze Handels= verkehr auf dem Geldverkehr beruht.

Wollte Deutschland heute isolirt zur Doppelwährung übergehen, so würde es nur sein Gold verlieren und in die Silberwährung zurückgeworfen werden, wenn die übrigen Länder in ihren Münzgesetzgebungen nicht folgten. Als Deutschland den Versuch machte — ein Versuch war es ja nur — von der einfachen Silberwährung zur Goldwährung überzugehen, da war das ein einseitiger Eingriff in die bestehenden Münzverhältnisse, wie er stärker nicht gedacht werden kann. Es zeigte sich bei dieser Gesetzes= änderung durch die deutsche Münzreform, daß alle Länder in Mitleidenschaft gezogen und daß die heftigsten Erschütterungen in der Handelswelt herbeigeführt wurden.

Ich will nur einzelne Punkte berühren, welche Deutschland bestimmt haben, die Goldwährung zu adoptiren. Es mag sein, daß eine gewisse Vorliebe für das Gold hervortrat und zwar deshalb, weil man damals noch den Gedanken an eine allgemeine Goldwährung hegte; außerdem wirkte vielleicht das Beispiel Eng= lands mitbestimmend ein, obgleich ich für meine Person niemals habe begreifen können, wie dieses Vorbild gerade hat verlockend wirken können, da England nur Verluste durch seine Goldwährung erlitten hat. Ferner hatten wir ja eine bedeutend vermehrte Goldproduction erlebt in den Jahren 1850—70 und außerdem eine große Masse Gold empfangen bei Bezahlung der französischen Kriegsschuld, und so hielt man den Moment für passend, zur Goldwährung überzugehen. Deutschland hätte damals die Doppel= währung schwerlich einführen können, jedenfalls nur dann, wenn andere bedeutende Handels=Länder dieserhalb mit Deutschland in Unterhandlungen getreten wären und Vereinbarungen stattgefunden hätten. Der Versuch ist nicht gemacht worden: wahrscheinlich wäre er auch nicht gelungen, denn die Ansichten über die Währungs= angelegenheiten hatten sich damals viel zu wenig geklärt. Es lag ferner die Befürchtung vor, daß Frankreich die Goldwährung eingeführt haben würde, wenn Deutschland zur Doppelwährung geschritten wäre.

Früher m. H. sah man das Silber als das Metall an, welches im Werthe am Wenigsten schwanke und mit vollem Recht, denn es wurde fast allgemein zu ziemlich gleichen Verhältnissen ausgeprägt und es zeigt eine gleichartige, stabile Production, wie dies beim Golde niemals der Fall gewesen ist, dessen Production sich in Sprüngen bewegt. Das Silber ist stets als die sicherste Grundlage betrachtet worden und noch 1803 bei Einführung der französischen Doppelwährung wurde das Silber als die feste Basis bezeichnet und der damalige Minister Daru brachte die Bestimmung in das französische Gesetz, daß für den Fall eine

Umprägung nothwendig sei, nur das Gold umgeprägt werden
dürfe. Es heißt in dem Gesetze ausdrücklich: „Dans des cas
impérieux les pièces d'or seulemeut seront refondues."

Da erklärt nun Deutschland plötzlich durch sein Gesetz, daß
es die Goldwährung einführen wolle, daß das Silber ferner
nicht mehr Münzmetall sein solle und gegen Gold verkauft
werden müsse. Das Silber solle nur noch zur Scheidemünze
verwendet werden, also als internationales Zahlmittel seine
schuldentilgende Kraft verlieren. Mußte dieser Entschluß Deutsch=
lands nicht sofort auf den Silbermarkt wirken? Und so sahen
wir denn auch, daß der Preis des Silbers herabging im Jahre
1876 bis auf 46⅛ p. U. St. Das war eben nur möglich, weil
es keine europäische Regierung mehr wagte, in ihren Münzstätten
das Silber für Private ausprägen zu lassen. Alle Regierungen
standen unter dem Einflusse der geänderten deutschen Gesetzgebung,
welche die Nachfrage nach Silber verstummen ließ und ein An=
gebot hervorrief. Sogar das financiell so mächtige Frankreich
konnte oder wollte sich nicht widersetzen: es sistirte ebenfalls seine
Silberprägungen. Damit war nun die Rolle des Silbers als
Münzmetall zu Ende. Das Gold wurde allgemeines Zahlungs=
mittel und keine einzelne Regierung hatte die Kraft, hierin Etwas zu
ändern. Es blieb überhaupt gar keine Wahl, ob Silber oder
Gold zu gebrauchen sei, mehr übrig. Und jeder Versuch, Silber
gegen Gold anzubieten, muß in seinen Consequenzen ja nur zu
einer größeren Ausbreitung der Goldwährung in den Ländern
Europas führen und das Bestreben noch mehr hervortreten lassen,
das Gold allein international circuliren zu sehen.

Man fühlte sehr wohl die hierdurch entstehenden Verluste,
man sah die Werthschwankungen und man beklagte namentlich
auch den Rückgang des Handels mit den Silberländern, der zur
Speculation ausarten muß, da Niemand für eine irgend spätere
Ziel wissen kann, wie der Silberpreis sich stellen wird. Man
sah aber auch weiterhin, daß das Gold, welches jetzt die alleinige
Unterlage des Handels bildete, nicht ausreichend vorhanden sei
und daß nothwendiger Weise eine Geldvertheuerung eintreten müsse.

Einsichtige Männer erkannten nun auch, daß hier nur Ab=
hülfe zu schaffen wäre durch gemeinsames gesetzliches Vorgehen
der Haupthandelsvölker. M. H. Der Gedanke, durch internationale
Verträge die Münzverhältnisse zu regeln, ist nicht mehr neu.
Sogar der berühmte Münz=Direktor und Astronom Newton hat
ihn bereits ausgesprochen. Ich glaube, es ist ein Verdienst des
hier anwesenden Herrn E. de Labelaye, den Ausspruch wieder
in Erinnerung gebracht zu haben. Ich erwähne dies Faktum
deshalb, weil mir dieser Ausspruch Newtons immer sehr interessant
erschienen ist und weil ich wohl möchte, daß die Engländer doch
auf diesen Gedanken ihres berühmten Landsmannes etwas mehr
Gewicht legten. Newton lebte in einer Zeit, in welcher durch

verschiedene Münz=Gesetzgebungen Aenderungen in dem Werth=
verhältnisse eintraten und es zeigte sich dann jedesmal, daß das
willkürlich im Gegensatze zu anderen Gesetzgebungen zu hoch
geschätzte Metall im Verkehr blieb, während das andere aus=
wanderte. Das führte zu Verlusten; der Nachbar änderte auch
wieder und so bildete sich eine Kette verderblicher Schäden durch
den Zwiespalt zwischen den einzelnen Gesetzgebungen. Da sprach es
Newton klar aus:

„Daß, wenn in einem großen Wirthschaftsgebiete durch das
Gesetz ein festes Werthverhältniß zwischen Gold und Silber ge=
schaffen würde, die Versuche, das eine obere andere
Metall zu exportiren, in Wegfall kommen müßten." M. H. Das
ist ja der Grundgedanke des Bimetallismus: Daß durch
gemeinsame Gesetzgebung das Werthverhältniß zwischen Gold
und Silber fixirt werden kann, und daß dann die Schwankungen,
die Unsicherheit der Werthrelation aufgehoben werden. — Newton
hatte damals also schon die internationale Bedeutung der Wäh=
rungsfrage erkannt und diesem Gedanken in seinen Schriften
Ausdruck verliehen. Die Ueberzeugung nun, m. H., daß die
Schwierigkeiten durch ein Land nicht allein überwältigt werden
können, mußte naturgemäß zu Conferenzen führen und im Jahre
1881 sahen wir denn auch auf der Pariser Münz=Conferenz,
daß der Bimetallismus bereits bedeutende Fortschritte gemacht
hat. Die Nothwendigkeit, das Silber beizubehalten, wurde an=
erkannt und der Gedanke, der noch im Jahr 1867 auf der ersten
Conferenz maßgebend war, der Gedanke der allgemeinen Gold=
währung mußte angesichts der drohenden Goldnoth vollständig
fallen gelassen werden. Im Jahre 1881 haben sich verschiedene
Regierungen: nämlich die Regierung der Vereinigten=Staaten, von
Italien, Spanien, Holland für den Bimetallismus ausgesprochen;
Dänemark und Rußland machten Vermittlungs=Vorschläge und
Deutschland erklärte, daß es keine Schwierigkeiten machen würde
für den Fall, daß sich England ebenfalls der Convention an=
schlösse. Der Abschluß also wird lediglich verhindert durch den
Widerstand Englands, das bei seinem Vorurtheile für die Gold=
währung beharrt. Aber wir sehen heute, daß in der öffentlichen
Meinung in England bereits ein Umschlag eingetreten ist und
ich freue mich ganz besonders, hier constatiren zu können, daß
das Gefühl der Gemeinsamkeit der Interessen unter
den Völkern in dieser Frage so rege geworden ist.

M. H. Man könnte nun sehr wohl der Meinung sein, daß
mit Durchführung der einfachen Silberwährung oder Goldwäh=
rung ebenfalls die Stabilität des Geldwerthes erreicht werden
könnte. Allein es zeigt sich sofort, daß das eine Metall allein
nicht ausreichend für die Bedürfnisse ist, abgesehen von den
Schwierigkeiten, die bei der Abstoßung des anderen Metalles
entstehen würden. Der eine Werthmesser ist uns oft genug von

unseren Gegnern warm empfohlen worden. Man träumte von einer allgemeinen Goldwährung für die ganze Welt. Der Traum ist zerronnen und man bemüht sich heute in Vergessenheit zu bringen, daß man früher die Welt mit dem e i n e n goldenen Meter messen wollte. Die exacte Durchführung einer einfachen Währung ist ja auch unausführbar, da man doch stets Gold neben Silber wird gebrauchen müssen. — Die eifrigsten Monometallisten geben auch zu, daß die allgemeine Goldwährung zu einer Ernie= drigung aller Preise und zu einer colossalen Silberentwerthung führen müsse. — Jetzt wäre vielleicht noch die Möglichkeit vor= handen, eine Scheidung vorzunehmen zwischen Asien einerseits für das Silber und zwischen America und Europa andererseits für die Goldwährung.

Allein dann würde ja die Einheit sofort wieder durch= brochen sein. Sie würden die Trennung zwischen Silber= und Goldvölkern behalten. Die Verschiedenheit der Währung, der Währungsgegensatz würde bleiben und damit die Schwierigkeiten für den Handel. Außerdem hat es sich ja gezeigt, daß selbst dieses Gebiet zu groß ist, daß das Gold nicht ausreichend vor= handen ist und nicht nachhaltig genug produzirt werden kann. Die Verhältnisse der Gold= und Silberproduktion kann ich hier nicht eingehend besprechen, vielleicht wird das einer der anderen Herren thun. —

Nachdem nun, wie ich vorhin sagte, das Silber aufgehört hat, in Deutschland Münzmetall zu sein, tritt die Nothwendigkeit für alle Regierungen hervor, sich nunmehr das allein coursfähige Gold zu verschaffen und wir sehen jene Jagd nach dem Golde entstehen. Die Banken suchen sich natürlich gegen den Abfluß des Goldes zu wehren; sie erhöhen den Discont, und seit 1879 haben wir die Aera der Discont erhöhungen. Die Handelswelt steht diesen Ereignissen ohnmächtig gegenüber; sie muß Alles ruhig leidend über sich ergehen lassen. „Si delirant reges plectuntur Archivi." — M. H. wenn nun ein Volk nicht die Macht hat, allein die Schwierigkeit zu bewältigen, wenn kein Volk isolirt vorgehen kann und wenn die einfache Währung nicht möglich ist aus Mangel an Metall — und bei dem jetzigen Provisorium können wir doch auf die Dauer nicht stehen bleiben — dann m. H. bleibt nichts Anderes übrig, als eine Verständigung über die Doppelwährung zu suchen: also internationale, vertrags= mäßige Bestimmungen über das Werthverhältniß zwischen Silber und Gold bei freier Prägung und festen Münz= und Bankpreisen. Und m. H. dieses Ziel zu erreichen, das uns die Beseitigung der Silberentwerthung, die Beständigkeit des Geldmarktes bringen wird, das uns vor der drohenden Geldvertheuerung bewahren wird, ist wahrlich eine lohnende Aufgabe. Wir würden damit dem Handel und der Industrie die Ruhe und Solidität wieder geben, deren sie so dringend bedürftig sind und sollte uns dies mit vereinten Kräften gelingen, allen Anfeinbungen zum Trotz, bann dürfen wir mit Befriebigung auf unfere Thätigkeit zurückblicken

___

Emile de Laveleye-Lüttich.

Monsieur le président, messieurs! Je n'ai que quelqes mots à dire, votre temps est precieux, et des orateurs plus competents et mieux preparés que moi vont prendre la parole.

Quand j'arrive en Allemagne, ou quand je lis vos journaux, je suis étonné de voir qu'on veut transformer la question monétaire en une question de parti. S'il en est une qui soi audessus de tous les partis, c'est bien celle-là; car elle est non seulement nationale, mais internationale et humanitaire au plus haut degré. Ce qui m'étonne encore plus et sourtout m'afflige davantage, c'est de rencontrer, ici, parmi mes adversaires ceux dont je partage· d'ailleur les principes et les aspirations, ceux que l'on appelle les liberaux les amis de la liberté sous tous ses formes, les partisans du libre échange et de la fraternité des peuples. Par quelle étrange contradiction sont-ils, en même temps les défenseurs de l'étalon d'or, qui est manifestement, une cause d'antagonismes économiques est des luttes commerciales.

Le monométallisme c'est le Struggle for Gold, le bellum omnium contra omnes, la lutte pour l'or à couper, non encore de canons heureusement, mais certe à couper de hausse des tarifs et de l'escompte. Dans une image que a fait le tour du monde et qui est la vérité même, votre grand Chancelier a admirablement exprimé ceci. Il a dit: la couverture devient trop etroite — die Decke wird zu kurz — qu'arrive-t-il quand la couverture est trop étroite et que chacun cependant veut en avoir sa part? ou se la dispute, on se cogne et quelquefois on se bat. Quand il n'y a plus assez à manger sur un radeau, les saufragés se mangent les uns les autres, n'est-ce pas exactement le spectacle que nous avons sous les yeux? En ce moment les Banques regulatrices de l'Europe, font, chacune de son côté, des efforts pour enlever aux autres le peu d'or qui est disponible. La Banque d'Angleterre ne parvient pas à se reconstituer une encaisse métallique suffisant et son gouverneur avait l'intention de venir ici même pour vous parler des dangers qui en resultent pour le crédit. La Banque de France est parvenue à augmenter son approvisionnemen d'or, mais c'est en l'enlevant constamment à la circulation, par l'intermédiaire des receveurs généraux. En Italie le ministre qui est parvenu à reunir 500 millions d'or en interceptant tous les arrivages, tremble à l'ideé de reprendre le payement des billets, crainte de perdre ce metal si vivement disputè. En Hollande l'encaisse-or est reduit presque à rien et la situation est extrèmement périlleuse — tous les marchés europèens craignent de voir le taux du change nécessiter de nouveaux envois en Amérique, et la première chose que fait tout homme d'affaires en ce moment, en ouvrant son journal, c'est de regarder où en est le taux de change à New-York. Voilà sans nulle exagération la situacion que l'étalon d'or fait en l'Europe commerciale et industrielle. Les amis de la paix et du developpement des relations internationales ont de lieu de s'en feliciter?

Si la Russie et l'Autriche se preparaient à établir une circulation métallique, le commerce du monde entier devrait s'en feliciter. Et cependant avec la rareté actuelle de l'or, il est certain que la perspective de voir ces deux grands pays absorber quatre à cinq milliards remplirait le monde entier d'inquiétude? une stystème, qui nous fait souhaiter que la Russie et l'Autriche conservent leur papier monnaie n'est il pas complètement opposé aux principes économiques qui doivent nous porter à désirer le developpement commercial de tous le peuples?

Nos adversaires en arrivent à revendiquer l'or pour deux ou trois peuples privilegiés, pour l'Angleterre et pour l'Allemagne, reduissant les autres nations à n'avoir que le metal inférieur, l'argent. Sont-ils en ceci fidèles aux idées de fraternité et de solidarité des peuples, qui sont de fonds même du programme libéral?

Leur étalon d'or ramène l'Europe à l'époque mercantilisme où chacun d'efforçait d'accaparer le plus possible de métaux précieux. Lisez les journaux en ce moment: tous sont » mercantilistes»; car tous d'occupent des moyens d'attirer ou, de retenir l'or aux depens des voisins.

Nos adversaires nient, il est vrai ce qui est l'évidence même, la rareté de l'or, mais quand les gouverneurs de toutes les banques regulatrices — banque d'Angleterre, banque d'Allemagne, banque de France, banque des Pays-Bas. banque d'Italie — qui suivent chaque jour, les mouvements du numèraire et du crédit, viennent affirmer unanimement que c'est la rareté de l'or qui les oblige à imposer au commerce, un taux d'escompte élevé ne devons-nous pas les croire? Qui donc a l'autorité de s'élever contreun pareil témoignage.

D'ailleurs, messieurs, il est un fait indéniable; est celui ci-jusqu'en 1873 les hôtels des monnaies frappaient, chaque année, pour plus d'un milliard d'or et d'argent. Dans ces dernières années, sauf en Amérique les monnaies ont été condamnées presqu'entierement á l'oisiveté.

Remarquez bien que la situation actuelle a été parfaitement prédite d'avance. Je ne citerai ni Wolowski, ni Seyd, ni ce que j'ai pu dire moi — même à cet égard — bimetalliste nous sommes suspects, mais écoutez l'oracle du monometallisme, l'Economist de Londres. Je siens à citer ses propres paroles parcequ'elles sont de la plus haute importance. Voici ce qu'il disait en 1869 non en passant mais dans la Revue financiere de l'année 1868, faite avec le plus grand soin et à tête reposée.

»It may be safely affirmed that the present annual supply of thirty millions sterling of gold is no more than sufficient to meet the requirements of the expanding commerce of the world and prevent that prersure of transactions and commedites on the precious metals which means in practice prices and wages constantly tending toward decline, the real danger is that the present supplies should fall off and among the greatest and most salutary events that could now occur would be the discovery of rich gold deposits in tree or four remoted and neglected regions of the earth.

(Economist (1869) Review of the financial year 1868.)

Dans sa Revue de l'année 1872 publiée le 15. mars 1873, après la reforme monétaire, adoptée par l'Allemagne, l'Economist s'exprime ainsi.

»As the annual money supply of gold throughout the world is reckoned at little more than L. 20,000,000 and the usual demand, for miscellaneous purpose is very large, it follows that if the german government perseveres in its policy the drain upon existing stocks and currencies will be most severe. Unless the annual production of gold should suddenly increase the money markets of the world are likely to be perturbed by this bullion scarcity etc.

La scarcity of gold la rareté de l'or est predite par une autorité financière comme l'Economist, en 1869 et en 1872; elle est affirmée aujourd'hui par les directeurs de toutes les grandes banques régulatrices. Peut-on exiger de une preuve plus irréfutable d'un phénomène économique? D'ailleurs, comment pouvrait-il en être autrement? Les échanges du monde civilisé d'accomplisaient par l'intermédiaire de deux métaux, on rejette celui des deux qui a toujours joué la rôle la plus importante, l'argent et on oblige la commerce à ne plus employer que l'or, au moment même où sa production diminue et où les progrès de la civilisation augmentent sans cesse la quantité des transactions intèrieures et internationales. Je faudrait plus des moyens d'échange, et on les reduit à moitié. Sous l'empire des théories abstraites et superficielles — vos grands économistes l'ont clairement prouvè — les fanatiques de l'or violent à la fois de lois historiques et les lois naturelles. Aomment n'en résulterait-il pas un trouble profond das le monde économique? Je dis les lois naturelles, sans ajouter à le mot le sens d'une manifestation providentielle le constate seulement un fait qui est celui-ci: c'est que la nature a doué specialement deux métaux des qualités monétaires; et ce qui le preuve c'est que tous les manuels d'Economie politique, même ceux qui sont écrits par des monométallistes, parlent dans les mêmes termes de l'or et de l'argent. Ces thèoriciens violent les lois historiques car un système monétaire, qui est en vigneur depuis la plus haute antiquité jusqu'à nos jours, a bien le droit d'invoquer l'histoire en sa faveur et ce n'est jamais sans péril qu'on rompt brusquement avec le passé.

Profeſſor Emile de Laveleye=Lüttich.

M. H. Ich habe nur einige Worte zu ſprechen, Ihre Zeit iſt koſtbar und competentere und beſſer vorbereitete Redner als ich wollen noch das Wort ergreifen.

So oft ich nach Deutſchland komme oder deutſche Zeitungen leſe, bin ich erſtaunt, wahrzunehmen, daß man die Währungs= frage zu einer Parteifrage gemacht hat. Wenn es aber eine Frage giebt, die außerhalb alles Parteiweſens ſteht, ſo iſt es ge= wiß die Währungsfrage, denn ſie iſt nicht nur national, ſondern international und im höchſten Maße univerſell. Was mich aber noch mehr verwundert und noch mehr betrübt, das iſt, daß ich unter meinen Gegnern in Deutſchland Diejenigen finde, deren Principien und Beſtrebungen ich ſonſt verfechte, Diejenigen, die man die Liberalen nennt, die Freunde der Freiheit, die Kämpfer für den Freihandel und für die Verbrüderung der Völker, denn es iſt ein wunderbarer Widerſpruch, daß gerade dieſe die Gold= währung vertheidigen, die offenbar die Urſache für wirthſchaft= lichen Antagonismus und commercielle Kämpfe abgiebt.

Die einfache Goldwährung bedeutet Struggle for gold, la lutte pour l'or, den Kampf ums Gold, das bellum omnium contra omnes, ein Krieg, der glücklicherweise nicht mit Kanonen geführt wird, aber mit Erhöhungen der Zolltarife und der Bankdiscontos. In einem Vergleich, der die Runde um die Welt machte und der die Situation treffend charakterisirt, hat dies Ihr großer Kanzler bewunderungswürdig ausgedrückt, er hat gesagt: „die Decke wird zu kurz."

Was geschieht aber, wenn die Decke zu klein ist, und wenn doch Jeder seinen Theil davon haben will? Man streitet sich darum und zuweilen stößt und schlägt man sich. Wenn es auf einem Floße nicht mehr genug zu essen giebt, so essen sich die Passagiere gegenseitig auf. Ist es nicht genau das Schauspiel, welches wir vor Augen haben? In diesem Augenblicke machen die maßgebenden Banken Europas, jede für sich, Anstrengungen, um den anderen das wenige disponible Gold zu entziehen. Die Bank von England ist nicht im Stande, sich eine genügende Metallreserve wieder zu verschaffen, und der Gouverneur dieses Instituts hatte sogar die Absicht, hierher zu kommen, um Ihnen die Gefahren, welche daraus für den Credit entstehen, zu schildern. Die Bank von Frankreich hat zwar ihren Goldvorrath vermehrt, aber nur, indem sie sich, mit Hilfe der General-Einnehmer, beständig gegen die Circulation wehrte. In Italien zittert der Minister, welcher 500 Millionen Gold zusammen gebracht hat, indem er alle Zufuhren auffangen ließ, bei dem Gedanken, die Einlösung der Noten wieder aufzunehmen, aus Furcht, das so lebhaft gesuchte Metall zu verlieren. In Holland ist der Goldvorrath fast auf Null reducirt, und die Lage ist äußerst gefährlich. Alle europäischen Märkte fürchten, daß der Wechselcours neue Sendungen nach Amerika nöthig mache, und das Erste, wonach heute ein Geschäftsmann sieht, wenn er seine Zeitung erhält, ist der Wechselcours in Newyork. Das ist ohne Uebertreibung die Situation, in welche die Goldwährung das commercielle und industrielle Europa gebracht hat. Haben wohl die Freunde des Friedens und der Entwickelung internationaler Beziehungen Ursache, sich Glück zu wünschen?

Wenn Rußland und Oesterreich sich vorbereiteten, eine Metallcirculation bei sich einzuführen, so würde der ganze Weltverkehr sich Glück dazu wünschen müssen. Und trotzdem, bei der thatsächlichen Seltenheit des Goldes, ist es sicher, daß die Aussicht, daß diese beiden großen Länder vier bis fünf Milliarden absorbiren könnten, die ganze Welt mit Unruhe erfüllen würde. Ist nicht ein System, welches wünschen läßt, daß Oesterreich und Rußland ihr Papiergeld behalten möchten, vollständig im Widerspruch mit den ökonomischen Prinzipien, welche uns zu dem Wunsche der commerciellen Entwickelung aller Völker führen müssen?

Unsere Gegner gelangen dahin, für zwei oder drei privile= girte Völker, für England und Deutschland das Gold in Anspruch zu nehmen, während sie die anderen Nationen auf das geringwerthi= gere Metall, das Silber, beschränken. Sind sie darin den Ideen der Brüderlichkeit und Solidarität der Völker treu, welche den Grund des liberalen Programms selbst bilden.?

Ihre Goldwährung führt Europa in die Epoche des Merkan= tilismus zurück, wo Jeder sich mühte, soviel als möglich von den Edelmetallen an sich zu reißen. Lesen Sie doch jetzt die Zeit= tungen. Alle sind Merkantilisten; denn Alle beschäftigen sich mit den Mitteln, Gold anzuziehen oder festzuhalten auf Kosten der Nachbarn.

Unsere Gegner läugnen freilich, was die Evidenz selbst ist, die Seltenheit des Goldes; wenn aber die Gouverneure aller tonangebenden Banken, welche jeden Tag genau die Bewegungen des Geldes und des Credits verfolgen, einstimmig bestätigen, daß es die Seltenheit des Goldes sei, welche sie nöthigt, dem Verkehr einen höheren Zinsfuß aufzuerlegen, müssen wir ihnen dann nicht glauben? Wer hat denn die Autorität, sich gegen solche Zeugen aufzulehnen? Ueberdies, meine Herren, ist Folgendes eine unläugbare Thatsache: bis zum Jahre 1873 präg= ten die Münzen jährlich für mehr als eine Milliarde Gold und Silber. In diesen letzten Jahren sind die Münzstätten, außer in Amerika, fast vollständig zur Unthätigkeit verdammt gewesen. Bemerken Sie, daß die jetzige Lage vollständig vorausgesagt worden ist. Ich citire weder Herrn Wolowski, noch Mr. Seyd, noch das, was ich selbst darüber habe sagen können. Als Bi= metallisten sind wir verdächtig. Aber hören Sie das Orakel des Monometallismus, den Londoner Economist. Ich citire seine eigenen Worte, weil sie von der höchsten Wichtigkeit sind. Hier ist, was er in 1869 sagte, nicht etwa beiläufig, sondern in der Finanzübersicht des Jahres 1868, welche mit der größten Sorg= falt ausgearbeitet war:

Es darf dreist behauptet werden, daß die jetzige jährliche Goldzufuhr von 30 Millionen Pfund Sterling nicht mehr als ge= nügend ist, um die Bedürfnisse des sich ausdehnenden Welthan= dels zu decken und jenen Druck von Geschäften und Waaren auf die Edelmetalle zu verhindern, welcher in der Praxis bedeutet, daß Preise und Löhne nach unten neigen. Die wirkliche Gefahr ist, daß der jetzige Ueberschuß abnehme und zu den größten und wohlthätigsten Ereignissen würde die Entdeckung reicher Goldlager in etwa drei oder vier entfernten und noch vernach= lässigten Regionen der Erde gehören.

In seiner Finanzübersicht des Jahres 1872, welche am 15. März 1873 veröffentlicht wurde, nach der deutschen Münz= reform, drückte sich der Economist wie folgt aus:

„Da die jährliche Goldproduction in der ganzen Welt auf

wenig mehr, als 20,000,000 £. geschätzt und der gewöhnliche Bedarf für verschiedene Zwecke sehr groß ist, so folgt, daß, wenn die deutsche Regierung bei ihrer Politik beharrt, der Druck auf die existirenden Vorräthe und auf die Währungen sehr heftig werden wird. Wenn die jährliche Goldproduction nicht plötzlich wächst, werden die Geldmärkte der Welt wahrscheinlich durch Bullion= mangel gestört werden."

Die scarcity of gold, die Seltenheit des Goldes ist von Seiten einer Autorität, wie der Economist, in 1869 und 1872 vorausgesagt, sie wird heute von den Directoren aller großen Banken bestätigt.

Kann man einen unwiderlegbareren Beweis verlangen? Uebrigens, wie könnte es anders sein? Die Wechselgeschäfte der civilisirten Welt vollzogen sich mit Hülfe zweier Metalle. Man verwirft von beiden dasjenige, welches immer die wichtigste Rolle gespielt hat, das Silber, man zwingt den Verkehr, sich bloß des Goldes zu bedienen, in demselben Augenblicke, wo die Production abnimmt, und wo die Fortschritte der Civilisation unaufhörlich die Menge der inländischen und internationalen Transactionen vermehren. Man hatte mehr Tauschmittel nöthig, und man re= ducirte sie auf die Hälfte.

Unter der Herrschaft abstracter und oberflächlicher Theorien wie Ihre großen Nationalökonomen klar bewiesen haben, verletzen die Goldfanatiker gleichzeitig die historischen und natürlichen Gesetze. Wie sollte daraus nicht eine tiefe Störung in der Ge= schäftswelt entstehen? Ich sage die natürlichen Gesetze, ohne diesem Wort den Sinn einer Kundgebung der Vorsehung beizu= legen. Ich constatire blos eine Thatsache, welches die folgende ist. Die Natur hat speciell zwei Metalle mit den Eigenschaften des Geldes ausgerüstet, und daher kommt es, daß alle national= ökonomischen Handbücher, selbst diejenigen, welche von Mono= metallisten geschrieben sind, in denselben Ausdrücken von Gold und Silber sprechen. Die Theoretiker verletzen aber die histo= rischen Gesetze, denn ein System, welches seit dem höchsten Alter= thum bis auf unsere Tage in Kraft war, hat wohl das Recht, sich auf die Geschichte zu berufen, und es ist niemals ohne Ge= fahr, wenn man plötzlich mit der Vergangenheit bricht.

Zu These II. ergreift das Wort:
Herr Reichstags=Abgeordneter Geheimer Bergrath
Leuschner=Eisleben.
Ich werde Ihnen zunächst einige Zahlen über die Werths= verminderung mittheilen, welche bereits der Versuch der Ein= führung der Goldwährung auf die Silbermünzen hervorgerufen hat. Ich bemerke von vornherein, daß wir durchaus noch keine Goldwährung haben, wie von gegnerischer Seite behauptet wird. Ich muß das besonders hervorheben, weil von einem her=

vorragenden Goldmonometallisten darauf aufmerksam gemacht worden ist, was für einen Eindruck es hervorrufen würde, wenn man davon spreche, die Goldwährung abzuschaffen. Wir haben lediglich nur Rechnungswährung in Gold, und können keine Goldwährung in Anspruch nehmen, solange noch für ca. 500,000,000 M. in Thalern circuliren, welche in beliebiger Menge bei jeder Zahlung angenommen werden müssen.

Außerdem besitzen wir zur Zeit im Deutschen Reiche 442 Millionen Mk. Scheidemünze in Silber. Das vollgültig ausgeprägte Silber hat nun in Folge der Deutschen Münz=Gesetzgebung des vorigen Decenniums ungefähr 15 pCt. an Werth verloren, so daß der Thaler z. Zt. nur M. 2,50 werth ist. Die Scheide= münzen, die von vornherein unterwerthig ausgeprägt wurden, sind noch weniger werth: ihr Minderwerth beträgt zur Zeit etwa 25 pCt. Auf diese Weise berechnet sich für das in Form von Münzen im Deutschen Reiche circulirende Silber ein Minder= werth von rund 194 Millionen Mark d. h. um soviel ist dieses Geld weniger werth, als wie es dem eigentlichen Nennwerthe entspricht.

Beiläufig bemerke ich hierbei, daß wir auch noch ca. 150 Millionen Mark in Schatzscheinen haben, welche in keiner Weise gedeckt sind.

In Frankreich circuliren 3 Milliarden Francs in Silber; diese sind vollwerthig ausgeprägt im Verhältniß 1: 15½, jetzt ⅙ = 400 Millionen Mark weniger werth, als ihr Nennwerth besagt. In den Niederlanden existiren 133 Millionen Gulden in Silber, bei welchen analog der Minderwerth sich auf 38 Millionen Mark berechnet. In den Vereinigten Staaten von Nord=Amerika circuliren 152 Millionen Dollars Silber à 4,25 Mark, deren Minderwerth sich zu 108 Millionen Mark calculirt. Für Oesterreich=Ungarn mit einer Circulation von 76, 3 Mil= lionen Gulden in Silber beträgt dieser Minderwerth 22 Millionen Mark. Italien hat 235 Millionen Lire, auf welche 31 Millionen Minderwerth fallen. In Belgien mit 335 Millionen Francs Silbermünzen beträgt der Minderwerth 45 Millionen Mark. In England circuliren 19 Millionen Pf. Stlg. mit einem Minderwerth von 63 Millionen Mark. Skandinavien hat 34,3 Millionen Kronen in Silber mit einem analogen Minderwerth von 7 Millionen Mark. In der Schweiz circuliren 73,5 Millionen Francs in Silber mit einem derzeitigen Minderwerth von 10 Millionen Mark.

Die vorstehenden Zahlen über die Höhe der circulirenden Silbermünzen sind den Angaben von Neumann Spallart ent= nommen. Mit Ausnahme der Scheidemünze im Deutschen Reich ist überall nur ein Minderwerth von ca. 15 pCt. gerechnet.

Die Summe aller vorgetragenen Minderwerthe in diesen Kulturländern, welche selbstverständlich nur annähernd richtig

sein kann, beträgt hiernach für die im Gebrauch befindlichen
Silbermünzen 918 Millionen Mark, das ist eine haarsträubende
Zahl. Ich will nur beiläufig noch Indien nennen mit seiner
großen Menge von Silber-Rupien, wo sich für 252 Millionen
Einwohner (pro Einwohner 15 Rupien à 2 Mark) etwa 1260
Millionen Mark Minderwerth berechnen dürften.

Sie werden mir m. H. zugeben, daß es unmöglich ist, mit
solchen Mengen unterwerthigen Geldes dauernd zu wirthschaften.
Ein solcher Zustand muß vielmehr bei der ersten besten gewalt-
samen Krise, etwa bei einem großen Kriege und dergleichen, zu-
sammenbrechen, wie ein Kartenhaus. Was daraus für weitere
Folgen entstehen, wissen Sie.

Es giebt nur zwei Mittel, diese absolut unhaltbaren Verhältnisse zu beseitigen, nemlich entweder die volle Restitution
des Silbers, das ist die Doppelwährung auf internationaler
Grundlage, für welche wir eintreten, oder aber, die volle Durchführung der Goldwährung, welche wir, wie schon wiederholt an-
geführt ist — auch in Deutschland noch nicht haben. — Letztere
ist aber wegen Goldmangels nicht möglich, und würde außerdem
die fürchterlichsten Umwälzungen hervorrufen, nehmlich eine Vermehrung des Disconto-Krieges, der schon eingetreten ist, in noch
höherem Maße, hiermit aber eine kolossale Schädigung für Handel,
Industrie und Landwirthschaft. Industrie, Gewerbe und Handel
brauchen billiges Geld. Jede Maßregel, die das Geld ver-
theuert, erhöht auch die Productionskosten.

Der internationale Handel insbesondere aber ist auf die
Dauer nicht denkbar, wenn der Verkäufer im Goldwährungs-
lande nicht weiß, wie der Silberpreis stehen wird, sobald die
verkaufte Waare im Silberlande ankommt. Der bezügliche Trans-
port erfordert in der Regel einen längeren Zeitraum. Die
Silber-Summe, für welche beispielsweise das Geschäft in Deutschland oder in einem anderen Culturlande Europas abgeschlossen
wurde, wird thatsächlich eine ganz andere, sobald der Silberwerth sich inzwischen ändert. Daß dadurch die größten Beschä-
digungen für den Handel nothwendig zu erwarten sind, liegt auf
der Hand.

Der allerwesentlichste Nachtheil der Gold- oder Geldvertheuerung, welcher bei Einführung der vollständigen Goldwährung außer Zweifel steht, ist endlich die Preis-Reduction aller
Waaren, die Preisreduction der Löhne, die Preisreduction der
Immobilien. Nach meiner Ueberzeugung hat eine solche Preisreduction im Großen und Ganzen auch schon jetzt stattgefunden,
wir hören seit mehr denn 10 Jahren Klagen, wie niedrig die
Preise bei einer großen Menge von Producten sind. Es würde
schwierig sein, wie ich zugebe, einen vollgültigen Beweis dafür zu
schaffen, daß die Preisreduction, wie sie sich in den letzten
Decennien entwickelt hat, vorzugsweise von dem gestiegenen

Werthe des Goldes herrührt, aber ich glaube doch, daß dieser
Grund mitgewirkt hat, wenn ich auch nicht denselben ausschließlich
dafür bezeichnen will.

Es hat jedoch kein Interesse, diese Frage hier weiter zu
erörtern, weil wir wohl alle darüber einig sind, daß, wenn die
Goldwährung zur Einführung kommen soll, durch die noth=
wendig folgende Steigerung des Goldwerthes eine erhebliche
Preisreduction aller Waaren und Producte absolut folgen muß.
Wenn Sie ferner ganz besonders erwägen, daß gleichzeitig die
Arbeiterlöhne bei einer Steigerung des Goldwerthes ganz er=
heblich sinken müssen, daß ebenso die Werthe von Grund und
Boden bedeutend zurückgehen, so liegt auf der Hand, für Jeden,
der klar denkt, daß Erschütterungen in Aussicht stehen, die aller
und jeder Beschreibung spotten; Erschütterungen, die übrigens in
kleinerem und größerem Umfange in England schon stattgefunden
haben, als man dort gegen Ende des 2. Decenniums dieses
Jahrhunderts die Goldwährung eingeführt hat, Störungen, welche
zu den größten Revolutionen führen können. Ich will nur noch
der Vollständigkeit halber hervorheben, wie durch die Einführung
der Goldwährung endlich die Schuldner im Lande erheblich ge=
schädigt werden. Wir haben einen hervorragenden Anhänger der
Goldwährung sich dahin aussprechen hören, was hätte das denn
für Schaden, wenn das Gold im Werthe steigt. Ja, das ist
der Standpunkt eines Goldhändlers, der indessen auch für diesen
nur in beschränktem Maße aufrecht zu erhalten ist; denn wenn
Sie sich die Fortsetzung denken, so findet der Mann bei dem zu
erwartenden allgemeinen Elende keine Käufer mehr, welche das
billig eingekaufte Gold zu höherem Preise abnehmen. Außerdem
aber ist das Interesse des Goldhandels untergeordnet dem
Interesse des Staates und den Gemeinden gegenüber. Letztere
haben viele Schulden und gerade auch dieses öffentliche Interesse
erfordert mit aller Entschiedenheit jede Maßregel zu vermeiden,
die zu einer Vermehrung des Druckes der Schulden führt. Dem
Namen nach bleiben natürlich die aus den Schulden resultirenden
Leistungen gleich, der Sache nach aber ändern sie sich sehr.
M. H., ich habe nur kurz angedeutet, was Ihnen gewiß schon
bekannt ist, welche Folgen die Einführung der Goldwährung
haben würde. Voraussetzung dieses Elends ist, daß das Gold
im Preise steigt; das kann nur dann geschehen, wenn Gold=
mangel eintritt, d. h. wenn wir nicht soviel haben, um den An=
sprüchen zu genügen, welche die Einführung der Goldwährung
erfordert. Den Gedanken, daß nur das eine oder andere Volk
Goldwährung haben soll, den müssen wir fallen lassen. Kein
Kulturvolk wird sich mit dem schlechteren Tauschmittel begnügen
wollen, wenn eine Aenderung der Währung stattfinden soll. Nun,
m. H., wie stehen die Sachen mit dem Goldmangel? die An=
hänger der Goldwährung behaupten, wie so vieles, was nicht

richtig ist, es sei gar nicht wahr, Gold sei in Hülle und Fülle vorhanden und die Produktion desselben habe ganz bedeutend zugenommen und sei nur in den letzten Jahren ganz unbedeutend zurückgegangen.

Ich werde Ihnen zur Beurtheilung dieser Behauptungen noch wenige Worte über die geologischen Verhältnisse des Goldes vortragen.

Die Metalle sind von sehr verschiedenem specifischem Gewichte. Die drei schwersten Metalle sind: Iridium, Platina und Gold; Gold mit einem specifischen Gewichte von 19,25, Platina 21,5, Iridium 22,23; Silber dagegen nur 10,47. Das durchschnittliche specifische Gewicht des Erdkörpers ist ermittelt worden zu 5,56. Aus diesen Zahlen folgt nothwendig, daß mit Rücksicht auf die erheblich geringeren Gewichte derjenigen Gesteine, welche die Kruste der Erdoberfläche bilden, zum Beispiel Kalkstein mit 2,6 bis 2,8 — Granit mit 2,5 bis 2,7 — Trachyt mit 2,3 bis 2,8 — Lava 2,7 bis 2,3 — aus allen diesen Ziffern folgt, daß im Inneren unseres Erdkörpers noch erhebliche Mengen von den schweren Metallen vorhanden sein müssen. Man hat daraus gefolgert, daß es wohl möglich sein dürfte, wenn man die größeren Erdtiefen erforschte, auch noch Gold zu finden. Ja ich habe vor einigen Tagen in einer Zeitschrift, die, wenn ich nicht irre hier in Cöln erscheint, gelesen, es hätte gar nichts auf sich, man würde über kurz oder lang in größere Tiefen kommen können, weil die Temperatur des Erdinnern immer mehr abnehme und deshalb die Hinderungsgründe der hohen Temperatur allmälig in Wegfall kämen.

M. H., für denjenigen, der einigermaßen Begriffe hat von Geologie, für den ist es gerade zu schleierhaft, wie so etwas überhaupt gesprochen oder gedruckt werden kann. „Ruf: Cöln. Zeitung."

M. H., wir kennen den Bergbau an den verschiedensten Punkten der Erde, aber überall, sowohl in europäischen Ländern, wie in America, überhaupt wo die Gezähe des Bergmannes in die Tiefe gedrungen sind, beschränken sich diese Zonen auf die alleräußerste Kruste, deren Dicke wie ein recht feines dünnes Oblat erscheint im Verhältniß zum Durchmesser einer kolossalen Kugel.

Wir wissen, m. H., daß mit Zunehmen der Tiefe die Temperatur wächst, wir wissen, daß in diesen Temperatur-Verhältnissen für Jahrtausende dem Bergmann eine Grenze von der Natur gesetzt ist, die wir weder jetzt überwinden können, noch voraussichtlich jemals in Zukunft überwinden werden. Mit einem Worte, der Goldvorrath, der vielleicht in den Tiefen der Erde steckt, ist für uns gerade so unerreichbar, als hätten wir solchen auf dem Monde, wo man nur eine Leiter anzulehnen brauchte, um ihn herunter zu holen. Das Gold kommt in verschiedenen Formationen, in verschiedenen Gebirgsarten vor, entweder auf Gängen, oder auf Lagern, oder eingesprengt im Gesteine. Das Vorkommen auf Gängen und Lagern ist im Großen und Ganzen in früheren Zeiten nie von erheblicher Bedeutung gewesen, nur in den beiden letzten Decennien ist in Amerika und Australien ein Bergbau entstanden, welcher allerdings, abweichend von früheren Ergebnissen, erhebliche Goldmengen geliefert hat. Immerhin aber sind diese Resultate doch außerordentlich weniger von Bedeutung, als wie man früher angenommen hat.

Ich erinnere nur an den Comstock Gang, von dem die Zeitungen nicht genug schildern konnten, welche kolossalen Reichthümer dort vorhanden seien, und welche lange ergiebige Dauer der Bergbau auf demselben haben würde.

Diese Nachrichten wurden in ausgedehnter Weise benutzt, um zu beweisen, daß enorme Mengen Gold vorhanden seien, und daß noch mehr Silber erwartet werden könne. Der Comstock Gang ist ein Gang, welcher etwa 5 Meilen östlich der Sierra Nevada von Nordost nach Südwest streicht, mit 40 bis 50° gegen Osten einfällt, eine wechselnde Mächtigkeit von 20 bis 180 Metern hat, und auf welchem große Linsen von Gold, wie auch kleinere Einmengungen metallisch und in Verbindung mit verschiedenen anderen Körpern, sowie zahlreiche Mengen von Silber Erzen vorkommen. Die Resultate des Bergbaues von diesem auf etwa 6700 Meter streichende Länge bekannt gewordenen Gange waren allerdings äußerst lucrativ. 1871 wurden producirt für 4,077000 Dollars Gold, für 6,230000 Dollars Silbers, im Jahre 1876 für 18,003000 Dollars Gold, für 20,570000 Dollars Silber Im Jahre 1880 ist die Production bereits zurückgegangen auf 2,578000 Dollars Gold und 2,634000 Dollars Silber. Im Jahre 1881 betrug der Werth der gesammten Gold- und Silber Production nur noch 1,726000 Dollars!

M. H., ein schlagenderes Beispiel für das geringe Aushalten des Goldbergbaues kann Ihnen gar nicht gegeben werden. Ich will nur noch erinnern an das Vorkommen von Gold auf Gängen in Böhmen und Ungarn, wo man auch heute in der Hauptsache nur von der Blüthe vergangener Zeiten spricht. Ich könnte Ihnen noch eine ganze Menge von ähnlichen Erinnerungen an vergangene Perioden vorführen, aber die Zeit drängt und ich muß wohl bald zum Schluß kommen.

Da und dort finden Sie auch noch an solchen Stellen heut zu Tage schwache Betriebe, aber ohne jede Bedeutung, weil allzuwenig Gold noch vorhanden ist. Ich will hier bloß die Tauer'schen Alpen nennen, Rathhausberg bei Gastein.

Auch das Vorkommen von Goldgängen in Australien, auf die große Hoffnungen gesetzt wurden, hat in keiner Weise den Erwartungen entsprochen. Die australische Production ist außerordentlich zurückgegangen von 241,893000 Mark im Durchschnitt der Jahre 1856 bis 1860, auf 108,810000 Mark in 1879 und auf etwa 100 Millionen Mark in 1881.

Das Vorkommen von Gold auf Lagern ist ganz unbedeutend geblieben. Der Unterschied zwischen Gängen und Lagern ist der, daß ein Lager parallel mit den anderen Gebirgslagen geht, während ein Gang das Gebirge quer durschneidet und in der Regel eine Spalte des Gesteins ausfüllt, welche durch besondere Natur=Ereignisse gebildet worden ist. Man hat die Erfahrung gemacht, daß bei allen Gängen, wo auch Erze gewonnen werden, der Hauptreichthum oben am Ausgehenden sich findet, dagegen nach unten allmälig immer mehr abnimmt. Es geht das allerdings nicht so schnell und es giebt hunderte und tausende von Metern, wo immer noch ein relativ ansehnlicher Metallgehalt vorhanden ist, aber überall ist durch die Erfahrung festgestellt, daß mit der zunehmenden Tiefe der Erz= resp. Metallgehalt abnimmt.

Das gilt auch von den Gängen, auf denen Gold bricht.

Wenn nun die Gesteinslager, auf welchen Gold in der Regel nur in kleinen Körnchen oder Flimmern eingesprengt vorkommt, überhaupt nur eine untergeordnete Bedeutung rücksichtlich des quantitativen Vorkommens haben, so darf man nach unseren Erfahrungen zuverlässig annehmen, daß der wirkliche Gold=bergbau keine Aussicht auf große Hoffnungen für die Zukunft gewährt.

Endlich giebt es noch ein drittes Vorkommen von Gold in Alluvionen.

An gewissen Punkten der Erdoberfläche trifft man sandige Massen, die meist aus Sand= oder Quarzgemengen mit etwas Thon bestehen, und in welchen Goldkörner, auch Goldlinsen mehr oder weniger zahlreich gefunden werden. Hier wird die Gewinnung außerordentlich erleichtert und die Geschwindigkeit der Ausbeutung sehr begünstigt. Nach Schätzungen darf man etwa $\frac{9}{10}$ alles Goldes, was bis jetzt gewonnnen worden ist, auf diese Funde zurückführen. Aber eben so schnell, wie man dieses Gold gewinnt, eben so schnell geht die Gewinnung auch ihrem Ende entgegen. Dieses Gold ist durch eine Art Aufbereitungsprozeß an seinen Platz gekommen, durch einen Prozeß, den sonst der Bergmann nur mit großen Kosten und in den verschiedensten sinnreichen Apparaten zuwege bringt. Alle Gesteine sind der Zersetzung unterworfen, mehr oder weniger, durch den Einfluß des noch oft mit Kohlensäure geschwängerten Wassers und der Luft.

Die dadurch an der Oberfläche aufgeweichten Gesteine werden durch das Wasser, durch Fluthen oder regelmäßig laufende Bäche fortgeführt.

Bei diesen Prozessen, welche in vormenschlichen Zeiten in einem weit größeren Umfange stattfanden, als heutzutage, wird das specifisch schwerere Gold nicht sehr weit fortgeführt, sondern es sinkt bald nieder und hat dadurch Veranlassung zur Gold=

anhäufung der Sand und Schwemmmaffen in der relativ größten Nähe der Urfprungs=Gefteine gegeben. Wie ungemein fchnell auch diefe Anhäufungen von Gold erfchöpft werden, beweift ebenfalls die Erfahrung. Wenn das Gold der Alluvionen im regulären Bergbau ge= wonnen werden müßte, fo würden erheblich längere Zeiträume nothwendig fein. Die Statiftik beftätigt auf das Glänzendfte die Wahrheit diefer Behauptungen, insbefondere daß die coloffale Goldproduction, die im Laufe der letzten beiden Decennien, na= mentlich aus den Alluvionen Auftraliens und Amerikas erzielt worden ift, fehr fchnell zurückgegangen ift; in Auftralien auf we= niger als die Hälfte wie vor 10 Jahren.

Die Goldproduction der Erde betrug nach Soetbeer:

in 1876   479 Mill. Mark,
1877   510   „   „
1878   512   „   „
1879   437   „   „
1880 }
u. 1881 } je 400   „   „

Diefelbe war ferner:

von 1811 bis 1820 p. Jahr 31,9 Mill. Mark,
1821 „ 1830 „   „   39,6   „   „
1831 „ 1840 „   „   56,6   „   „

und in 1493 bis 1840 33,3 Mill. Mark, in den erften 40 Jahren diefes Jahrhunderts 44,5 Mill. Mark, in der erften Hälfte des Jahrhunderts 1800/1850: 66 Mill. Mark pro Jahr.

Ja, m. H., wenn Sie diefe Zahlen objectiv und fcharf ins Auge faffen, fo werden Sie mit mir zu der Ueberzeugung kommen, daß nichts auf der Welt es rechtfertigt, anzunehmen, daß wir die Goldproduction in der Weife forterhalten werden, wie dies in den letzten Jahren der Fall war, fondern daß diefelbe bereits bedeutend im Rückgange ift, um fich wieder den früheren Durch= fchnittszahlen vergangener Jahrhunderte anzufchließen.

Dazu kommt, daß ein großer Theil von Gold noch nothwendig ift, um den Zwecken der Induftrie zu dienen. Wenn Sie die gegenwärtige Production auf der Erde zu pp. 400 Millionen Mk. fchätzen, fo werden davon etwa 300 Millionen für die induftriellen Zwecke und für Abnutzung, Verluft 2c. zu rechnen fein. Dann bleiben nur 100 Millionen übrig, welche vorzugsweife auf Ame= rika kommen.

Daß eine folche Menge für die Bedürfniffe der Münzen nicht ausreicht, wenn wir eine weitere Ausdehnung der Gold= währung annehmen wollen, das bedarf weiter keines Nachweifes. Dazu kommt, daß Amerika feit einiger Zeit kein Gold mehr ab= giebt, und daß in Rußland, dem dritten Lande, wo noch von größerer Goldproduction die Rede fein kann, die klimatifchen Verhältniffe einer Productions=Steigerung im Wege ftehen.

Meine Herren, die Zeit ist schon längst vorüber, die mir zum Reden gegeben war, ich muß daher schließen und hoffe bei Ihnen Zustimmung zu der Annahme zu finden, daß es für die Einführung der Goldwährung an Gold fehlt, daß deshalb, wenn man doch diesen Versuch fortsetzen will, Goldnoth, Geldvertheuerung unausbleiblich sind, und daß wir damit zugleich den fürchterlichen Krisen, ich sage revolutionären Krisen, entgegen gehen, sowie daß zur Vermeidung solcher Störungen und Umwälzungen nichts übrig bleibt, als Einführung der internationalen Doppelwährung.

<hr>

Zu These 3 ergreift das Wort:

Professor Lexis-Freiburg.

Gestatten Sie mir zunächst zurückzukommen auf einen Punkt, den einer der Herren Vorredner bereits erwähnt hat. Angesichts des dauernden Goldmangels könnte man die Frage stellen: „Warum sollen denn beide Edelmetalle nicht coordinirt bleiben in der Rolle als Geldstoffe, so daß die höher cultivirten und entwickelten Völker die reine Goldwährung besäßen, während die niedriger stehenden Nationen, namentlich die halb civilisirten Ost-Asiens, die Silberwährung, als ihren Bedürfnissen entsprechender, beibehielten? In der That hat sich ja bis vor Kurzem der Verkehr zwischen Indien, dem reinen Silberlande, und England, dem reinen Goldlande, in ganz befriedigender Weise gestaltet. Aber das war nur möglich in Folge der regulirenden Wirkung des Mechanismus der französischen Doppelwährung. Ohne eine solche Regulirung dagegen würde bei der heutigen Ausdehnung des Welthandels eine solche Nebeneinanderstellung der beiden Metalle in verschiedenen Weltgebieten auf die Dauer unmöglich sein. Daß dem so ist, kann man sich leicht klar machen. Wenn zwei solche unvermittelte Währungen sich nebeneinander befänden, so würden sich die Gold- und die Silberländer ähnlich zu einander verhalten, wie 2 Länder mit unabhängigem Zwangspapiergeld, etwa wie Rußland und Oesterreich. Zwischen diesen beiden Staaten giebt es absolut kein Pari der Valuten, das Werthverhältniß ihres beiderseitigen Geldes schwankt immer hin und her. Also würden sich schon deshalb auf die Dauer für den Welthandel gänzlich unhaltbare Zustände zwischen diesen reinen Gold- und Silber-Gebieten herausstellen. Der Welthandel würde mit Macht daraufhin streben, daß eine Einheit hergestellt würde, und diese würde dann nur zu suchen sein in dem Metall, welches von den höchst stehenden Völkern adoptirt sein würde. Das wäre nicht das Schlimmste; es handelt sich ja nicht allein darum, daß das Gold ausschließliches Währungsmetall in den höchst entwickelten Staaten werden soll, sondern diese Staaten hätten zugleich auch die Absicht, sich eines möglichst großen Vorrathes von

Silber zu entledigen und denjenigen Nationen zuzuschieben, welche das Silber als Währung beizubehalten geneigt sein sollten. Das kann sich aber kein Volk auf die Dauer gefallen lassen; kein Volk wird sich ein Metall, welches einem chronischen Entwerthungs= prozeß unterworfen ist, zuschieben lassen. Wenn es kein anderes Auskunftsmittel gäbe, so würde eine in ihrem Geldwesen in solcher Art bedrohte Nation weit eher vorziehen müssen, Papier= geld anzunehmen, als ein solches sich entwerthendes Metallgeld. Denn wenn Papiergeld sich entwerthet, so geschieht das durch die Initiative des eigenen Staates selbst, und er hat dann auch wenigstens vorübergehend einen Profit davon. Dagegen, wenn es sich handelt um ein Edelmetall, welches durch die Aktion des Auslandes entwerthet wird, so würde sich schließlich jedes Volk dafür bedanken. Es kann also für die Zukunft gar nicht die Rede davon sein, daß ein Land, welches die Silberwährung be= sitzt, dieselbe auch beibehalten könnte, im Falle, daß Silber aus der Culturwelt als Währungsmetalle ausgestoßen und per= horrescirt würde. Insbesondere gilt das von Indien. Dasselbe würde sich bei fortdauernder Demonetisirung des Silbers gewiß schließlich, trotz der in England bestehenden entgegengesetzten In= teressen, ebenfalls genöthigt sehen, seine Silberprägungen einzu= stellen und zu einer Creditwirthschaft überzugehen, in der Art, daß die vorhandenen Rupien einen festen tarifirten Werth er= hielten, zu dem sie vermöge des Staatscredits sich neben neu einzuführenden Goldmünzen in der Circulation behaupten könnten. Also die Rupien würden dann von weiteren Fluctuationen des Silberwerthes unabhängig gemacht werden. Indien würde die Goldrechnung haben und seine Zahlungen von Außen in Gold verlangen. Die Vorboten einer solchen Wendung sind be= reits erkennbar. Zunächst ist Holland mit gutem Beispiele vor= angegangen; es hat bereits in seinen indischen Besitzungen die Goldrechnung eingeführt und in Britisch=Ostindien selbst ist schon seit mehreren Jahren eine Agitation in diesem Sinne im Werke. Schon 1876 hat die bengalische Handelskammer sich für Ein= stellung der Silberprägungen ausgesprochen und auf der Confe= renz von 1881 haben die Vertreter Indiens keinen Zweifel mehr gelassen darüber, daß ein solcher Schritt unter Umständen gethan werden müsse, und derselbe Gedanke tritt in dem kürzlich erschie= nenen Bericht an den Staatssekretär für Indien über jene Münz= conferenz deutlich hervor. Unlängst sprach auch der Economist von dieser Maßregel fast als etwas Selbstverständlichem für den Fall ,daß Amerika seine Silberprägung einstellen würde. Nun ist zu bedenken, daß Indien nicht etwa ein Land ist, welches eine un= günstige Zahlungs=Bilanz besitzt; dasselbe ist ja vielmehr stets geradezu eine Schlinggrube für Edelmetall gewesen. Bisher hat es ganz überwiegend Silber verschlungen; dagegen würde es künftig wohl oder übel Gold absorbiren, und welche Folgen sich

daran schließen würden für die europäischen Geldmarktverhält=
nisse, will ich hier nicht weiter auseinandersetzen. Ich wiederhole
nur den Satz: die Silberländer können nur dann das Silber
beibehalten, wenn es eine Bedeutung als Währungsgeld auch in
den Hauptculturländern besitzt. Nun kann ja heut zu Tage nicht
mehr die Rede sein von einer Rückkehr der europäischen Staaten
zur reinen Silberwährung; also bleibt nur die Einführung der
Doppelwährung in den letzteren nach einem festen gemeinschaft=
lichen Werthverhältniß übrig. Festes Werthverhältniß ist freilich ein
Wort, das noch vor wenigen Jahren den allgemeinen Vorwurf
eines Verstoßes gegen die Naturgesetze der Volkswirthschaft her=
vorgerufen haben würde. Auch heute noch giebt es Leute, welche
behaupten, die Festsetzung eines Werthverhältnisses zwischen Gold
und Silber sei gleichbedeutend mit der Fixirung des Werthver=
hältnisses etwa von Heu und Hafer. Wer das behauptet, be=
weist nur, daß er sich nicht klar geworden ist über einen der
Elementarsätze der Volkswirthschaftslehre, über den Satz von der
Unterscheidung zwischen denjenigen Gütern, welche einer belie=
bigen Vermehrung fähig sind und denjenigen Gütern, welche
nicht einer solchen beliebigen Vermehrung, proportional dem Auf=
wande an Capital oder Arbeit, fähig sind. Die ersteren Güter
werden allerdings in ihrem Preise immer abhängig sein von
den Productionskosten. Hier ist die Production bei vergrößertem
Bedarf auch immer im Stande bald nachzurücken; das mag zu=
weilen einen Monat oder ein Jahr dauern, aber über kurz oder
lang kommt das Angebot der vergrößerten Nachfrage entsprechend
nach und drückt dann den Preis auf die Productionskosten her=
ab. Bei den anderen Gütern dagegen, die nicht beliebig vermehr=
bar sind, bedingt die größere Ausdehnung der Nachfrage eine
dauernde Steigerung des Preises, weil die Production nicht im
Stande ist, das Mehr der Nachfrage unter gleichen Bedingungen,
wie früher, zu befriedigen. Es wird daher bei solchen Gütern
eine Art von Seltenheitspreis entstehen. Jemehr Verwendungs=
arten ein solches Gut besitzt, um so viel größer wird die Nach=
frage werden, während die Production eines Theils der neuen
Zufuhr immer schwieriger wird. Nun gehört offenbar das Gold
ebenso wie das Silber in die Kategorie der nicht beliebig ver=
mehrbaren Güter. Fortwährend wird die Production von Gold
sowohl, wie von Silber, auf das Aeußerste angespannt; trotzdem
ist erfahrungsmäßig selbst in Perioden starker Production das
Quantum, welches im Laufe eines Jahres erzielt werden konnte,
immer noch klein gewesen gegenüber der Masse des Vorrathes,
der nicht nur vorhanden, sondern auch immer auf dem Markte
ist. Die Concurrenz der jeweiligen neuen Production kann also
den Werth der Edelmetalle nur verhältnißmäßig wenig beein=
flussen. Dieselben erscheinen demnach als Güter, welche um so
höher im Werthe steigen, je ausgedehnter ihre Verwendung ist,

3*

und die wichtigste Verwendung ist gewiß die zu Münzzwecken. Diese aber hängt ganz wesentlich ab von dem Willen des Staates, von den Bestimmungen der Münzgesetze. Das eine oder andere Metall wird mehr oder weniger hoch im Preise stehen, je nachdem die Verwerthung desselben vom Staate geregelt ist. Auf diesem Satze beruht der Bimetallismus theoretisch; derselbe wird als Theorie in Deutschland wenigstens meines Wissens von den wissenschaftlichen Vertretern der Volkswirthschaftslehre nicht mehr bestritten. Die namhaftesten Gegner des Bimetallismus, wie Soetbeer und Nasse geben zu: wenn wirklich die Vereinbarung im bimetallistischen Sinne auf Grund der freien Prägung zwischen den einzelnen Staaten zu Stande käme und wenn sie praktisch haltbar wäre, dann würde allerdings das Werthverhältniß, welches hier vereinbart wäre, auch für den freien Markt der beiden Edelmetalle vollkommen maßgebend sein. Das wird als wissenschaftliches Ergebniß der Discussion über den Bimetallismus jedenfalls gerettet werden, selbst wenn dieselbe sonst keinen praktischen Erfolg aufzuweisen haben sollte.

Nun kann allerdings eine Verbindung von Staaten nicht jedes beliebige Werthverhältniß der beiden Edelmetalle festsetzen; denn wenn das eine Metall bei dem angenommenem Verhältnisse so schlecht behandelt wäre, daß es gar keinen Vortheil von seiner Verwendung als Geldstoff mehr hätte, und wenn es einen gleich großen Tauschwerth blos als industrieller Rohstoff behaupten könnte, dann allerdings würde sich dieses Metall mehr und mehr von den Münzstätten zurückziehen und allmälig würden auch die vorhandenen Bestände den Weg zur Industrie einschlagen. Es sind also da Grenzen gesetzt; erfahrungsmäßig können wir sagen, daß die Verhältnisse 20 : 1 und 10 : 1 noch innerhalb dieser Grenzen liegen, zwischen welchen also die staatlichen Bestimmungen wesentlich maßgebend sind. Nach den gegenwärtigen Verhältnissen der Silberproduction und Consumtion würde eine Vereinbarung zwischen Amerika und den wichtigeren europäischen Staaten mit Einschluß Englands, wonach das Silber den jetzigen Werth, der einem Werthverhältnisse von 18 : 1 entspricht, erhalten sollte, nur verhältnißmäßig geringe Concessionen an das Silber erfordern, denn ich bin überzeugt, daß sich die Fixirung dieses Werthverhältnisses erzielen ließe, wenn eine jährliche Prägung von im Ganzen 150 Millionen Mark zugelassen würde, vorausgesetzt, daß zugleich Indien die freie Prägung beibehielte. Die meisten Bimetallisten wollen jedoch mit Recht in erster Linie das alte Verhältniß 15½ : 1 wiederhergestellt wissen, da die Annahme des jetzigen Marktverhältnisses schwere finanzielle Opfer von den betreffenden Staate erfordern würde. Die Wiederherstellung jenes historischen Werthverhältnisses erfordert jedoch eine weit energischere Aktion und setzt voraus, daß nicht nur die Prägung in Amerika, in den Franken-Staaten und in Deutschland freigegeben werde, sondern daß auch England beiträte. Es schließt diese Ansicht übrigens nicht aus, daß ein Uebergangsstadium angebahnt werden könnte, bei welchem England nur gewisse, allerdings weitgehende Concessionen zu machen hätte. Als völlig gesichert aber könnte das internationale bimetallistische System erst nach dem vollständigen Beitritt Englands angesehen werden. Dann aber würden auch alle Bedenken gegen den Bimetallismus verstummen müssen, dann wäre auch Nichts mehr zu besorgen in Betreff einer etwaigen sogenannten Silberüberschwemmung, dann hätte man auch Nichts davon zu befürchten, daß die Amerikaner etwa Mexiko und seine Silberminen aufschlössen, denn es würde sich dann dem Silber sofort ein sehr großes neues Verwendungs- und Verbreitungsgebiet eröffnen. Diejenigen Staaten, die gegenwärtig noch in der Papiergeldwirthschaft stecken, so thatsächlich noch Italien, ferner Oesterreich, Rußland, alle diese Staaten würden dann früher oder später im Stande sein, ohne so gewaltige Schwierigkeiten, wie sie sich ihrem Uebergang zur reinen Goldwährung entgegenstellen würden, die Baarzahlung auf bimetallistischer Grundlage wieder aufzunehmen. Dazu käme auch noch die weitere Erwägung, daß das Silber, wenn es wieder als vollwerthiges Geld anerkannt würde, einen Theil der jetzt aushelfenden Creditmittel verdrängen und namentlich einen Theil der ungedeckten Noten in gedeckte verwandeln würde, weil eben das Silber die Tendenz hat, sich anzusammeln in den Kassen der Banken. Es ist dies unter den heutigen Verhältnissen auch die natürliche Bestimmung des Silbers. Wenn das Silber nur durch den kleinen Verkehr gerettet werden sollte, wäre es zweifellos verloren. Es kann sich eben nur behaupten, wenn es internationales Zahlungsmittel wird. Für den innern Verkehr würde es repräsentirt werden durch Banknoten, oder durch Certifikate, ähnlich wie solche in Amerika bestehen. Es eröffnen sich uns dann noch weitere Perspektiven auf den künftigen internationalen Geldverkehr, da zu erwarten wäre, daß die vollgedeckten Silbercertifikate die Rolle einer Art von Weltpapiergeld übernehmen könnten. Auch die Besorgniß, daß etwa eine allgemeine Preissteigerung entstünde, ist beseitigt, sobald man erwägt, daß sich einerseits für das Silber neue Gebiete eröffnen würden, und daß andererseits, wie gesagt, an die Stelle von Creditmitteln theilweise Metall träte. Eine erhebliche Preissteigerung wäre demnach nicht zu befürchten, wohl aber wird zu erwarten sein, daß die berechtigte Entwickelung der Preise, wie sie natürlicher Weise mit jedem Aufschwung der Production verbunden ist, fernerhin nicht gehemmt würde durch die rein mechanischen Ursachen der Geldknappheit, die namentlich bei dem jetzt bestehenden Banksystem Englands und Deutschlands leicht hinderlich wirken kann. Es würde hier also die Beseitigung eines Uebelstandes durch das Silber bewirkt werden, welcher den Interessen der Produktion unter Umständen sehr nachtheilig werden kann. Außerdem steht zu erwarten, daß die jetzige stoßweise schwankende Bewegung des Disconts beseitigt würde, und daß die durchschnittliche Höhe des Disconts eine niedrigere sein würde, wie gegenwärtig. Dazu kommt noch der große Gewinn, daß die Basis des Circulations= systems durch Vermehrung des Metalls erweitert und befestigt, und dadurch der Verkehrsorganisation eine gesicherte Gestaltung gegeben würde.

Zu These IV. ergreift das Wort:
Freiherr von Roggenbach.

M. H.! Ich glaube zunächst bemerken zu sollen, daß ich zur Zeit, als die Thesen ihre Abfassung erhielten, noch nicht die Ehre hatte, Mitglied des deutschen Vereins für internationale Doppelwährung zu sein, obgleich ich seit langer Zeit ein Bekenner und Verehrer dieser Sache bin. Ich schicke dies voraus, um Sie vor dem Irrthum zu bewahren, als ob ich an der Fassung der These mitgewirkt, die Ihnen vorliegt. Daß ich bei deren Be= gründung kurz sein kann, hat seinen Grund darin, daß ein großer Theil dessen, was meinerseits über die Sache gesagt werden könnte, schon berührt worden ist; es hat den weiteren Grund in der vorgeschrittenen Zeit und endlich ist der Inhalt der Thesen so außerordentlich einfach und verständlich gehalten, daß mir überhaupt nur wenig zu sagen übrig bleiben würde. Ja, m. H., wir dürfen uns nicht irre machen lassen in der Auffassung, daß die öffentliche Meinung in dieser Frage auf unserer Seite steht — darin ändert es nichts, daß irgendwo gelegentlich eine Adresse zu Gunsten der Goldwährung zusammengebracht wird, oder eine Handelskammer dafür ein Gutachten abgiebt, oder endlich einzelne Preßorgane sich dafür erwärmen — erwägen wir, wie unendlich schwierig die Beurtheilung dieser Frage ist, und wie sehr viele, die darüber reden und stimmen, kaum Goldvaluta und Gold= währung unterscheiden können, so ist es klar, daß wenn in irgend einer Sache, in dieser die Stimmen gewogen werden müssen. Wir halten fest, daß die öffentliche Meinung in dieser Frage auf un= serer Seite steht, und daß der siegreiche Gang, den die Erkennt= niß der Bedeutung der Doppelwährung in ganz Europa seit 1868 genommen hat, zum endlichen Siege unserer Ansicht führen wird. Wie sollte dies aber in Deutschland anders sein, wo ein Jeder, der eine Silberscheidemünze in Händen hat, sich sagen muß, daß er eine Münze vor sich hat, die in einem Grade unterwerthig ist, die Alles übertrifft, was je in Deutschland als schlechteste Münzsorte verpönt war. Haben wir aber außerdem eine Cou= rantsilbermünze im Umlaufe, nicht eine Scheidemünze, die in gleichem Maaße entwerthet ist, und endlich eine Bankdeckung für die deutschen Reichsbanknoten, die in einem von uns gesetzlich verurtheilten Metalle besteht, so daß die Enormität in Deutsch=

land vorliegt, daß wir eine Creditmünze, die Note, mit einer anderen Creditmünze, dem Silberthaler, decken. Wir thun dies, weil wir es müssen, indem wir wohl wissen, daß am Tage, wo wir und andere Staaten die Noten in Gold decken würden, die Goldnoth und die Steigerung des Goldes eine unabsehbare Calamität herbeiführen müßte.

Warum sollte die öffentliche Meinung aber nicht eine Aenderung mit Freuden begrüßen, wenn sie Aussicht hat, das Ziel einer größeren Stabilität des Discontos zu erreichen. Entspringen doch aus dem betreffenden Uebelstand unendlich viele Mißstände für den deutschen Handel und liegt doch die Hauptursache des Druckes der auf der Industrie liegt, gerade in der Veränderung des Geldwerthes durch die Goldwährung und in der ungünstigen Rückwirkung auf alle Production. M. H., das ganze Gebiet, welches der erste Herr Referent schon betreten hat, das Gebiet der Verschiebung des Vermögenslage fast aller Klassen, insbesondere der mit Schulden belasteten, der Steuerzahler und Arbeiter, will ich mit Rücksicht auf die vorgeschrittene Zeit überspringen. Der zweite Gedanke der These ist ferner der, Aufklärung darüber zu verschaffen, wie trotz dieser bewußten Erkenntniß der Nachtseite der Goldwährung man in Deutschland fest entschlossen ist, einen Schritt zurück zur Doppelwährung nicht zu thun, wenn England nicht mit thun will? Zwar hat England als Großreich gefaßt, gar nicht die Goldwährung, sondern die Parallelwährung, indem es auf dem weit größten und wirthschaftlich wichtigsten Gebiete in Indien die Silberwährung hat. England hat nie gesagt: „Du bist Alles, Gold!" und „Du, Silber, bist Nichts!" England hat aber auch von dem andern Standpunkte, den das deutsche Reich eingenommen hat, sich fern gehalten. Die gesetzliche Zahlungsgrenze des Silbers ist gerade noch einmal so groß in England, als bei uns, nämlich 40 Sh., nicht nur 20 Mark wie bei uns. Endlich hat England dem Silber auch dadurch die Ehre als Münzmetall gelassen, daß es dasselbe gesetzlich als, Bankdeckung zuläßt bis zum 4. Theil der vorhandenen Golddeckung.

Trotz dieser von Grund aus verschiedenen Stellung Englands zur Frage giebt es einen durchschlagenden Grund, warum die deutsche öffentliche Meinung dahingeht, daß die Mitwirkung von England nothwendig sei, um zur Doppelwährung zurückkehren zu können.

Ich kann mich hier auf meinen Vorredner, Hrn. Professor Dr. Lexis berufen, der uns deutlich nachgewiesen hat, daß es eben gar nicht möglich ist, diesen Schritt zurückzuthun ohne England, weil Deutschland wohl im Stande war durch seine Maßregeln, die Entwerthung des Silbers und Preissteigerung des Goldes herbeizuführen, aber weit im Stande ist, einseitig dieses Uebel wieder zu beseitigen. Die wirthschaftliche Bedeutung und financielle Kraft Deutschland ist dazu nicht stark genug. Dieser instinktive Gedanke der die öffentliche Meinung beherrscht, findet nun in der geschäftlichen Lage, wie sie aus der letzten Conferenz im Jahre 1881 hervorgegangen ist, seine thatsächliche Begründung. Es ist Ihnen Allen bekannt das schrittweise Zurückweichen von dem Goldwährungs=Standpunkt der Conferenz vom Jahre 1868 bis zu der der Doppelwährung entgegenkommenden Conferenz vom Jahre 1878 und nunmehr von derjenigen von 1881. Letztere schloß mit dem bestimmten Resultate, welches in den Erklärungen der Einzelstaaten, z. B. ausdrücklich in der von Italien, niedergelegt ist, dasselbe geht dahin, daß die Conzessionen, die England und Deutschland gemacht hatten, nicht genügend seien, und daß ein weiteres Entgegenkommen auf den Standpunkt der Doppelwährung seitens derselben nothwendig sei. Bei diesem geschäftlichen Stande der Sache mußte die Erkenntniß erwachen, daß das Bestreben dahin gerichtet sein muß, eine Einigung zwischen Deutschland und England herbeizuführen, über die Art und Weise, wie die Sache weiter zu führen sei und da müssen wir es als eine ganz besondere Gunst des Schicksals begrüßen, daß der inzwischen in England hervorgerufene Verein für das internationale Münzwesen mehrere seiner ausgezeichnetsten Mitglieder aus seiner Mitte hierhergesandt hat; dieser Umstand hat uns Gelegenheit gegeben, mit denselben diese Sache zu besprechen, und ich freue mich, mittheilen zu können, daß diese Verhandlung dahin geführt hat, daß Ihnen im Laufe dieser Sitzung eine Resolution vorgelegt werden kann, in welcher die Ergebnisse niedergelegt sind, welche diese Besprechung zu Tage gefördert hat. Ich schließe, indem ich glaube mit dieser Andeutung die Aufgabe, die mir vorgelegen hat, erledigt zu haben. —

Mr. Benjamin Kisch.

M. H.! Da ich jetzt zum ersten Male eine Rede in deutscher Sprache halte, so hoffe ich, werden Sie entschuldigen, wenn dann und wann ich in der Sprache stecken bleiben sollte. Sie werden natürlich wissen wollen, wie die Frage mit uns in England jetzt steht. Auf diesen Punkt kann ich Ihnen günstige Nachricht mittheilen, die Sache hat in den letzten Jahren große Fortschritte gemacht; ich kann Ihnen sagen, daß vor 3 Jahren ein Versuch gemacht worden ist, einen solchen Verein, wie wir ihn jetzt in England haben, zu bauen und obgleich uns die Dienste unseres Secretärs auch damals zu Diensten standen, ist damals doch der Versuch nicht gelungen. Im vorigen Jahre ist der Versuch wieder gemacht worden und jetzt wissen Sie vielleicht, ohne daß ich es Ihnen sage, daß in unserem Vorstand sitzen drei Directoren der englischen Bank. Der Gouverneur ist jetzt unser erster Vorsteher und auch haben wir in unserem Vorstande viele Parlamentsmitglieder; also können Sie sehen, daß, wenn

die Sache auch noch nicht so sehr vorwärts geschritten ist, es in
dem letzten Jahr doch sehr große Fortschritte gemacht hat. Auch
sollten Sie wissen, daß im Frühling eine große Hauptversamm=
lung in dem Mansion=Haus stattgefunden hat. Vorsteher war
der Lord=Mayor und viele Parlamentsmitglieder waren an=
wesend und wie gesagt der frühere und der jetzige Gouverneur
der Bank von England haben mit darin gesessen und die
Resolution welche der Versammlung vorgelegt wurde, wurde
einstimmig acceptirt. Noch später, im vergangenen Monat haben die
Vereinigten Handelskammern eine Sitzung abgehalten und in
dieser Sitzung haben 28 dafür gegen 16 auf der anderen Seite,
die Hände dafür erhoben. Es ist schon so viel erschöpft von
meinen Vorrednern, daß ich Ihnen nur wenig Sachen bringe,
welche Ihnen vielleicht nicht bekannt sind. Jetzt haben wir fast
jede Woche Sitzung, in früheren Zeiten war das gar nicht
möglich. Es kann sein, daß einige Zeitungen, vielleicht die
meisten, mit allzugroßem Respect von unsererer Sache nicht
sprechen, aber doch enthalten sie sehr oft Briefe und auch Notizen
und man spricht jetzt von der Währungsfrage, was in früheren
Jahren nicht der Fall gewesen ist. Und jetzt kommen wir dazu,
was wird jetzt zu thun sein. Wir halten es für ganz vernünftig,
daß wir einzeln nicht darin thun werden. Auch hier kann ich
Ihnen sagen, daß der Minister im Laufe dieses Jahres hat
gesagt, daß, wenn etwas gethan werden sollte, Vorschläge ge=
macht werden sollen und ihm so eine Gelegenheit zum Voran=
gehen gegeben werde. Wenn diese Resolutionen, welche vor
Ihnen vorgebracht werden wird, von Ihnen adoptirt wird, in
Ihrem Parlament wird vorgebracht werden, wird sich eine Ge=
legenheit finden, solche Schritte auch bei uns zu machen. Darüber
kann man nicht so sprechen, man kann aber die Gelegenheit ab=
warten und in dieser Hoffnung halten wir uns heute mit Ihrem
Vorstande einverstanden, die Resolution zu bauen, welche von
Ihnen vorgebracht worden ist.

Zu These 5 ergreift das Wort:
Ottomar Haupt=Paris.

M. H. Wir kommen jetzt zu These 5. Die Zeit ist leider
schon sehr weit vorgeschritten und ich werde mich deßhalb be=
mühen, so kurz als möglich zu sein. Diese fünfte These be=
schäftigt sich in der Hauptsache mit der Verwirrung, welche der
Rückgang des Silberpreises in den Geld= und Münzverhältnissen
der ganzen Welt, so zu sagen, angerichtet hat und den daraus
resultirenden Verlusten und anderweitigen Complicationen. Um
Ihnen ein anschauliches Bild der Lage der Dinge in diesem
Moment zu geben, bitte ich Sie, m. H., mir in die verschiedenen
Länder zu folgen, die hier in Sprache kommen.

Begeben wir uns zunächst nach England. Dieses Land

leidet eigentlich am Meisten durch die Silberentwerthung und zwar erstrecken sich die daraus entstehenden Verluste sowohl auf Private, als auf den Staat selbst. Dabei sind diese Verluste im Gegensatz zu dem, was wir in anderen Ländern wahrnehmen, werden, aktuelle, jeden Tag fühlbare und in einzelnen Fällen sogar in der prägnantesten Weise zum Ausdruck gelangende. Betrachten Sie nur die ungünstigen Bilanzen der anglo-indischen Banken, den gestörten und theilweise ganz unlukrativ gewordenen Handel der mit dem Osten arbeitenden Kaufleute, die Verluste für alle Diejenigen, welche Geld in Form von Pensionen, Salairen u. s. w. aus Indien zu bekommen haben, und die ganz vergeblich natürlich nach einer Entschädigung dafür suchen und zuletzt den Rückgang der Silber-Effecten, namentlich des Rupee-Paper's an der Londoner Stock-Exchange. M. H. Mir liegt eine anscheinend sehr sorgfältig ausgearbeitete Zusammenstellung vor, nach welcher der Besitz von Engländern an Silber-Papieren auf 250 Mill. Pf. St. geschätzt wird. Nach den heutigen Coursen ergibt sich darauf ein Verlust von circa 38 Mill. Pf. St., abgesehen davon, daß an Zinsen jährlich mindestens 1½ Mill. Pf. St. weniger vereinnahmt werden. Was den Verlust für den Staat anlangt, so ist derselbe ganz enorm. Im Indischen Budget findet sich nämlich jahrein jahraus ein Ausgabeposten von circa 3⅓ Mill. Pf. St. als Loss on the Indian Exchange — Verlust an indischen Wechselcoursen — eingestellt, der natürlich von den Steuerzahlern aufgebracht werden muß. Daß trotz alledem und alledem England mit starrer Zähigkeit an der alleinigen Goldwährung festhält, ist mir unbegreiflich und in erster Linie wirklich auf die Unwissenheit zurückzuführen, welche über das Wesen der Doppelwährung und ihre Consequenzen im Lande noch fast überall herrscht. In dieser Beziehung ist es der Londoner Monetary Standard Association und namentlich deren Abgesandten, den Herren, die wir heute aus London in unserer Mitte sehen, nicht genug zu danken, daß sie mit rastlosem Eifer in Wort und Schrift dahin gewirkt haben, Aufklärung im Lande zu verbreiten und der herrschenden monometallistischen Richtung entgegen zu arbeiten.

Wie die Dinge in Deutschland liegen, das Ihnen, m. H., genauer auseinander zu setzen, dazu gebricht es mir leider an Zeit. Lassen Sie mich Ihnen nur sagen, daß Sie in Deutschland weder eine Goldwährung, noch eine Silberwährung, noch eine Doppelwährung haben. Selbst der Ausdruck Uebergangsstadium paßt nicht auf das, was wir heute dort antreffen, da man wahrhaftig doch nicht einen Zustand so bezeichnen kann, der nunmehr fast zehn Jahre dauert und allem Anscheine nach droht, in Permanenz erklärt zu werden. Wo der Haken liegt, wissen Sie. Es ist der große Silberbesitz bei verhältnißmäßig wenig Gold und die dadurch herbeigeführte Nothwendigkeit, den

Zinsfuß im Lande hoch zu halten, um eben einem Goldexport energisch entgegen treten zu können.

Was nun die Dinge in Frankreich, dem Lande, aus welchem ich komme, anlangt, so liegen dieselben eigentlich auch sehr mißlich. Zwar ist Frankreich, namentlich durch den sehr guten Stand der fremden Wechselcourse, noch nicht direkt in Mitleidenschaft gezogen worden, allein es steht demselben durch seinen enormen Silberbesitz, der sicher nicht weniger als 3000 Millionen Francs beträgt, ein kolossaler Verlust bevor, den man gewiß ins Auge fassen muß mit Rücksicht nämlich auf eine mögliche Liquidation der Lateinischen Union. Es ist zwar unbedingt richtig, daß in Frankreich kein Mensch ernstlich an die Demonetisation des weißen Metalles denkt, ich weiß sogar aus einer Unterredung mit dem früheren Finanzminister, dem berühmten National-Oekonomen Leon Say nur zu gut, daß dieses Land mit Freude zur aktiven Doppelwährung zurückkehren würde und gern einen Münzbund mit anderen großen Nationen schließen möchte — allein, wie die Dinge nun einmal liegen, steht Frankreich ein ernstes, ein sehr ernstes Ereigniß bevor, ich meine eine nur allzusehr in den Bereich der Möglichkeit liegende Liquidation der lateinischen Union. Es ist nämlich eine unläugbare Thatsache, daß Frankreich sehr schlechte, das heißt sehr wenig bimetallistisch gesinnte Alliirte hat, und ich kann mir in der That das Vergnügen nicht versagen, Ihnen eine kleine Geschichte aus der jüngsten Vergangenheit zu erzählen, welche die hier in Frage kommenden Verhältnisse auf das Drastischste charakterisirt. Als vor circa einem Jahre Italien daran ging, Vorbereitungen zur Aufnahme der Baarzahlungen zu treffen, war in diesem Lande der Wunsch rege geworden, eine gewisse Summe — und es handelte sich dabei um viele Millionen — silberne Fünffrancsstücke ausprägen zu dürfen. Dieser Wunsch, dictirt, wie es vermuthlich damals war, durch den Umstand, dabei die Kleinigkeit von 15 Procent, die Italien niemals verschmäht hat, zu verdienen, wurde auf diplomatischem Wege den alliirten Mächten, zunächst Frankreich mitgetheilt und erregte gerechten Anstoß in Paris; noch mehr aber in Brüssel, wo Pirmez Alles aufbot, um die Italienische Forderung zurückzuweisen, respektive seine Maßregeln zu ergreifen, falls die anderen lateinischen Staaten nachgeben sollten. Hätte Frankreich sich damals nicht so energisch gezeigt und mit aller Entschiedenheit die Ausprägung einer neuen Quote in Fünf-Francs-Stücken Italien refüsirt, so hätte, wie ich aus bester Quelle weiß, die ganze Existenz des lateinischen MünzBundes auf dem Spiel gestanden und ein Bruch wäre unvermeidlich gewesen. Dieses Factum, welches wohl niemals an die Oeffentlichkeit gekommen ist, mag Ihnen, m. H., zeigen, wie precär die Lage der Dinge im Allgemeinen ist und wie speciell Frankreich Alles, was auf dem Währungsgebiet vorgeht, scharf beobachten muß, um bei einer, wie Sie sehen, ganz und gar nicht unmöglichen Auflösung des lateinischen Münzbundes mit seinem enormen Silberbesitz nicht schwarzer Peter zu bleiben.

Ich hatte bereits Veranlassung von Belgien zu sprechen. Dieses Ländchen hat ganz gewaltige monometallistische Tendenzen und es ist thatsächlich meinem verehrten Freunde, Professor Emile de Laveleye zu danken, wenn dieselben einigermaßen eingedämmt werden und andere Ideen sich Bahn brechen. Wie Sie, m. H., Alle wissen, haben wir in dem Herrn Pirmez einen unserer schärfsten Gegner; seine Angriffe auf den Bimetallismus in der letzten Münzkonferenz fallen bei Betrachtung der Dinge im Allgemeinen scharf ins Gewicht und scheinen auch in Belgien selbst einen großen Eindruck zu machen. Dabei stellt sich in diesem Lande die gewiß interessante Thatsache heraus, daß es beinahe ebenso viel Silber als Gold geprägt hat — die Zahlen sind 588 Mill. Frcs. Gold gegen 547 Mill. Silber — so daß man faktisch nicht begreift, wie die bimetallistische Basis fallen gelassen werden kann.

Wie in Belgien, so machen sich auch in der Schweiz monometallistische Bestrebungen bemerkbar. Für dieses Land wäre es freilich bei einer Liquidation des lateinischen Münzbundes besser bestellt, als bei seinen Alliirten, indem es nur ungefähr 10 Mill. Frcs. in Fünffrancsstücken geprägt hat, so daß der Verlust nur wohl zwei Millionen betragen würde.

Was nun Italien anlangt, so bietet sich mit Rücksicht auf seine Münzverhältnisse uns eine Erscheinung dar so origineller Natur, daß sie wohl verdient, von mir erwähnt zu werden. Als dieses Land dazu schritt, eine Valuta-Anleihe behufs Aufnahme der Baarzahlungen abzuschließen, war es bekanntlich das Haus Rothschild, welches die Uebernahme derselben refüsirte, um Frankreich nicht einer großen Goldausfuhr auszusetzen. Das Geschäft wurde darauf in London durch Baring und Hambro gemacht, welche sich also zu verpflichten hatten, den abgeschlossenen Betrag theils in Gold, theils in Silber, d. h. natürlich in Fünffrancsstücken, an Italien abzuliefern. Es verstand sich nach Lage der Dinge von selbst, daß man der Lieferung des Goldes, als die größte Schwierigkeit bereitend, in London das Hauptaugenmerk zuwendete, während man sich einfach sagte, Silber, das verachtete, von Jedermann verstoßene Metall, sei ja spielend zu bekommen. Man begann nun von Rußland, von Amerika, von Berlin, von Wien u. s. w. Gold herbeizuarbitragiren und dachte nicht einmal an Silber, welches man eben mit Bequemlichkeit und sogar infolge des flauen französischen Wechselcourses mit schönem Nutzen aus Frankreich von der Bank herbeizuschaffen hoffte. Nun, m. H., was geschah? Der Cours auf Paris, der dauernd für England günstig sich zu gestalten anschickte, stellte sich mit einem Male — aus welchem Grunde, das gehört nicht hierher

— so außerordentlich vortheilhaft für Frankreich, daß die Heraus=
nahme von Silber aus der Banque be France ganz unmöglich
wurde und die Herren Baring und Hambro sich gezwungen sahen,
an Stelle des verschlossenen Silbers, Gold zu liefern. Da haben
Sie doch, m. H., einem so schlagenden Beweis für die Gleich=
stellung, eigentlich sollte man sagen für die Bevorzugung des
Silbers, dem anderen Metall, Gold, gegenüber, daß man füglich
Capital für uns daraus schlagen könnte und doch ist auch dieser
Umstand von der monometallistischen Presse zu Angriffen auf
die Doppelwährung ausgenutzt worden. Um Ihnen zum Schluß
noch einige Zahlen für Italien zu geben, erwähne ich, daß sich
das Land bei Aufnahme der Baarzahlungen im Besitz von ca.
750 Mill. Frcs. Gold und 330 Mill. Frcs. in Fünffrancs=
stücken befinden wird.

Was Griechenland, das letzte dem lateinischen Münz=
bunde angehörige Land, anlangt, so zählt dasselbe eigentlich
nicht mit. Dasselbe besitzt wenig Gold, hat dagegen ungefähr
10 Mill. Frcs. in Fünffrancsstücken und ungefähr einen gleichen
Betrag in Scheidemünze im Umlauf.

Sehr eigenthümlich gestalten sich die Verhältnisse in Spa=
nien. Als dieses Land von der alten Piasterwährung zum
französischen Münzsystem überging, beschloß man ursprünglich
die alleinige Goldvaluta anzunehmen. Zwar wurde eine gewisse
Anzahl Fünf=Peseta=Stücke neben Goldmünzen ausgeprägt, allein
das Beispiel Englands schwebte den spanischen Gesetzgebern ent=
schieden vor, als sie zur Creirung des Alphonse d'or oder
25 Peseta=Stücks schritten, eine Münze nämlich, welche dem
Pf. St. ungefähr an Werth gleich kam. Als nun kurz nach
Annahme des neuen Systemes die fremden Wechselkourse sich
dem Lande so günstig stellten, daß Gold in großen Massen als
Rimessen nach Spanien strömte, erlangte die Ausmünzung von
Alphonse d'or eine ungewöhnlich große Ausdehnung und es
wurde sogar beschlossen, Silber zum Grade von Scheidemünze
herabzusetzen und es als legales Zahlungsmittel bis zum Be=
trage von 150 Pesetas zu machen. Dieser Gedanke scheint der
vorherrschende gewesen zu sein bis zum Zeitpunkte, wo der Gold=
Import nachließ. Von da ab spricht man nicht mehr von diesem
Projekte und in den letzten Tagen höre ich sogar wieder von
Silberkäufen Spaniens und finde sogar Silberbarren in der
spanischen Bank als Deckung gegen Noten wieder aufgeführt,
welcher Umstand auf einen vollkommenen Umschwung der Tendenz
schließen läßt.

Wir kommen nun, m. H., zu dem wunderbaren Lande
Portugal, dem Staate mit der alleinigen Goldwährung, dem
Paradepferd der Monometallisten. Seht dieses Land an, rufen
sie uns zu, dort herrscht nur Goldvaluta, warum sollen denn wir
dieses Ideal nicht auch erreichen! Ein schönes Ideal, m. H.,

was wir uns doch ein wenig näher ansehen wollen. Wissen Sie, wieviel Portugal überhaupt Gold geprägt hat seit Uebergang zu dem neuen Münzsystem? Ganze 30 Millionen Francs, gegen= über der Kleinigkeit von fünfzig Millionen in Scheidemünze. Nun ist es freilich wahr, daß der englische Sovereign als legales Zahlungsmittel zu einem festen Preise im Lande coursirt, allein das macht die Sache durchaus nicht besser. In diesem beneidens= werth organisirten Goldlande existirt nämlich die Bestimmung, daß Silber nur bis zu einem gewissen Betrage, nämlich 5 Milreis, in Zahlung gegeben werden darf, allein es besteht gleichzeitig die Sitte, bei allen, wohlverstanden allen Zahlungen ein Drittel in Silber und zwei Drittel in Gold zu geben. Da haben Sie, m. H., die famose alleinige Goldwährung Portugals.

Ungefähr ebenso steht es in Skandinavien aus, welches uns gleichfalls fort und fort als nachahmungswürdiges Bei= spiel von unseren Gegnern vorgehalten wird. Dort sind im Ganzen für 120 Mill. Frcs. Goldmünzen und ungefähr 50 Mill. Frcs. in Scheidemünzen geprägt worden; das Verhältniß ist also ungefähr von 1 Scheidemünze zu 2 Gold. Nun, m. H., wir danken für ein solches System, das den Namen Goldwährung gar nicht verdient.

Aehnlichen Verhältnissen, wie die hier geschilderten, begegnen wir auch in Rumänien. Hier sollte auch Anfangs die reine Goldwährung eingeführt werden, bis der Krieg Rußlands mit der Türkei und der große Import von Silber=Rubeln das Land ebenfalls zum Bimetallismus, leider nur mit einer sehr großen Ausprägung von Silbermünzen, hinführte.

Verhältnissen sehr eigener Art begegnen wir auch, meine Herren, in Holland. Wie Sie wissen, war dieses Land ge= zwungen, gleichzeitig mit den Staaten der lateinischen Union die Ausprägung von Silbermünzen einzustellen. Um diese Zeit und auch später hielten sich die fremden Wechselcourse sehr günstig für das Land und als die holländische Regierung im Jahre 1875 die Einführung der Goldwährung beschloß und zur Ausmün= zung von goldenen Zehnguldenstücken schritt, gelang es, Dank diesem Umstande, sich mit Leichtigkeit in den Besitz des nöthigen Metalles zu setzen, welches thatsächlich in großen Massen nach der Niederländischen Bank strömte. Im Jahre 1878 finden wir, m. H., denn auch dort einen Baarschatz von ca. 108 Mill. Gulden vor, gegen nur wenige Millionen Silber. Nun, m. H., wie sehen die Dinge heute aus. Der letzte mir vorliegende Ausweis der Bank weist ungefähr 11 Mill. Gulden Gold aus und man theilt mir gleichzeitig mit, daß im Lande selbst sich sehr wenig Zehn= guldenstücke befänden, obschon davon ca. 74 Mill. Gulden aus= geprägt worden seien. Das Land befindet sich thatsächlich in einer äußerst kritischen Situation, da die fremden Wechselcourse auf der Gold=Basis ruhen, und ein so kleiner Besitz dieses Me=

talles wahrlich nicht mehr Garantie dafür bietet, daß diese Art sie zu firiren gerechtfertigt ist. Wollte man diese Course auf die Silberbasis stellen, so würden sie um ca. 15 Procent in die Höhe schnellen und das Münzsystem des ganzen Landes würde total erschüttert werden, während ganz koloffale Verluste Hand in Hand damit gehen müßten. Wer kann wi]en, ob nicht eine derartige Situation Holland in die Action treibt und ob nicht dadurch der Anstoß zur Lösung der Silberfrage, natürlich auf äußerst gewalt= fame Art und Weise, gegeben wird?

In Oesterreich ist wegen der Lage der Dinge im Allge= meinen faktisch nichts zu machen, selbst wenn das Land die befte Abficht hätte, dem Beispiel Italiens zu folgen und die Baarzah= lungen aufzunehmen. Bei der Silberwährung kann es nicht be= harren, bis die Silberfrage nicht endgültig entschieden ist, die Goldwährung ist unter den heutigen Verhältnissen äußerst schwierig, vermuthlich ganz undurchführbar und von einer activen Doppel= währung kann bei der Zerfahrenheit der Zustände natürlich nicht die Rede sein. So ist es für Oesterreich thatsächlich das Beste, bei der Papierwirthschaft zu verbleiben — ein schöner Rath, nebenbei gesagt, den man da geben muß. Denselben Verhältnissen begegnen wir natürlich in Rußland, nur ist da überhaupt noch nie der Wunsch zu Tage getreten, Ordnung in den heimischen Währungsverhältnissen zu machen.

Was nun Amerika anlangt, so wissen Sie, m. H., daß da eine Art Doppelwährung existirt, welche man freilich aufzu= heben gedenkt, indem die Bland Bill, wie es heißt, suspendirt werden soll. Nur müssen Sie sehr vorsichtig sein hinsichtlich der Nachrichten, die aus den Vereinigten Staaten kommen, da das Wahre über die Sache faktisch nicht zu erfahren ist. Ich selbst stehe mit einer Anzahl erster Amerikanischer Autoritäten in in= timem Verkehr und bin nicht im Stande, mir ein klares Bild von der Situation zu machen. Allem Anscheine nach ist aber Amerika das Land, von dem die Entscheidung kommen wird. Sollte wirklich infolge der in Europa dem Silber feindlichen Strömung keine Einigung auf dem Münzgebiet erzielt werden, so ist es klar, daß die Vereinigten Staaten auch zur alleinigen Goldwährung übergehen werden, und daß alsdann durch die in verdoppeltem Maße hereinbrechende Silber=Entwerthung eine ganz heillose Confusion überall angerichtet werden wird.

Ich wende mich nun zu Indien. Indien, m. H., ist das Silberland par excellence. Der Vorrath an Silber, zum größten Theil in gemünztem Zustande, beträgt sicherlich über 5000 Mill. Francs. Dabei ist das Alles Courant=Geld, um das es sich da handelt, da die Theilstücke der Rupee in demselben Verhältnisse, wie die Rupee selbst ausgeprägt sind, also keine Scheidemünze re= präsentiren. In welch precärer Lage sich dieses Land befindet, ist zu klar, um einer Auseinandersetzung zu bedürfen. Dabei kann es sich in diesem Falle um kein Aushülfsmittel handeln, dazu angethan, um die dem Lande bevorstehende Calamität ab= zuwenden, da die Drohungen, die hie und da in England aus= gestoßen werden, die indischen Münzstätten der freien Ausprägung des Silbers zu schließen, von Niemand geglaubt werden, und selbst aus dem Munde eines Goschen kommend, daher ihren Zweck gänzlich verfehlen. Man versuche es nur einmal, die indischen Münzen zu sperren und man wird den Erfolg einer solchen Maßregel bald sehen. Der Preis des Silbers wird ein= fach ins Bodenlose fallen, es wird aufhören, Münzmetall zu sein. Dem indischen Wechselcours wird seine ganze Basis entzogen werden und die Folge von All dem kann natürlich nichts Anderes sein, als eine furchtbare Geld= und Handelskrise, wie Sie die Welt wirklich noch nicht gesehen hat.

M. H. Ich eile dem Ende zu und will Sie wirklich nicht länger aufhalten. Aber bedenken Sie nur, was da auf dem Spiele steht. Es existiren in der Welt ungefähr 10,500 Mill. Frcs. Silber, welche den Dienst als gutes, vollwichtiges Geld versehen, neben 2500 Millionen Frcs. in Scheidemünzen, die ebenfalls nicht tel quel weiter fortbestehen können, wenn Silber noch ansehnlich an Werth verlieren sollte. Diesen gewaltigen Ziffern stehen ungefähr 14½ Milliarden Francs in Gold gegen= über; das Verhältniß ist also ungefähr mit Scheidemünze wie 1 Silber zu 1 Gold. An diesem Verhältnisse darf bei Leibe nicht gerüttelt werden, zumal gewiß die Hälfte des existirenden Silbergeldes — und darauf bitte ich wohl zu achten — vollen Werth, in Gold ausgedrückt, repräsentirt, soll nicht das monotere Gleichgewicht in der ganzen Welt in die Brüche gehen. Kein Staat darf daher hinfort mehr sein Silber demonetisiren; keiner darf es auch nur versuchen, da schon ein solcher Versuch, ab= gesehen davon, ob er gelingt oder nicht, zu den ärgsten Compli= cationen führen muß. Wo, frage ich Sie, m. H., will man denn in aller Welt das Gold hernehmen, um den Ansprüchen eines einigermaßen größeren Landes zu genügen. In London und Berlin ist schon jedesmal große Aufregung, verbunden mit einer sofortigen Discont=Erhöhung, wenn nur eine einigermaßen größere Gold=Entnahme stattfindet. In Paris verweigert, wie wir ge= sehen haben, die Bank oft ganz und gar, Gold herzugeben, und Newyork wird nicht immer, wie dieses Jahr, im Stande sein, auszuhelfen. Das Studium all dieser Verhältnisse ist es ja ge= radezu, welches nicht allein die Männer der Wissenschaft, sondern auch der Finanz und des Handels zu Bimetallisten gemacht hat. Was in der Bankwelt aller Länder einen bedeutenden Namen hat, die größten Banquiers von London, Paris, Berlin u. s. w. gehören unserer Partei an, wenn sie es auch oft nicht angezeigt halten, dieses öffentlich zu erklären. Unter unseren Gegnern selbst finden sich genug, welche sich augenblicklich zur Doppelwährung

belehren würden, wenn eben eine allgemeine Einigung auf Grund=
lage einer gemeinschaftlichen Basis zu Stande käme und ich kann
thatsächlich meine Rede nicht besser schließen, als mit der Versiche=
rung, die ich von Seite des Führers der monometallistischen
Partei, Professor Soetbeer bei mir habe, daß er nämlich
Deutschland unbedingt zur Annahme der Doppelwährung rathen
würde, wenn England eben rückhaltslos einem allgemeinen
Münzbunde beitreten sollte.

M. H. Wenn solche Worte von unseren heftigsten Gegnern
kommen, wenn Theorie und Praxis, Wissenschaft und Handel
sich vereinigen, unsere Bestrebungen zu unterstützen und ihnen
Relief zu verleihen, dann, glauben Sie mir, sind wir auf der
rechten Fährte. Wie auch die nächste Zukunft des Kampfes um
die Währung sich gestalten möge, eins ist mir klar, der Erfolg
unserer Bemühungen muß, über kurz oder lang, in einem ent=
scheidenden Siege des Prinzips der Doppelwährung ganz und
voll zum Ausdruck gelangen!

Zu These VI ergreift das Wort:
Otto von Bar=Grabenhorst:

„Als ich es übernahm, zu Ihnen zu reden über die Schäden,
die durch die Silberentwerthung und die Goldvertheuerung bis
heute entstanden sind, da lag es nicht in meiner Absicht, Ihnen
die Schäden darzulegen, die durch den Ankauf des Goldes ein=
traten, ebensowenig die Ausfälle, denen die Inhaber österreichischer
und russischer Werthe ausgesetzt wurden, sondern es war meine
Absicht, Ihnen die Schäden vorzuführen, welche auf socialem
Gebiete entstanden sind. Das ist die Frage der Preise, die Ent=
werthung der Realien durch die Geldvertheuerung. Bei der
Geldvertheuerung ist zu unterscheiden eine acute und eine chronische.
Die acute Krisis entsteht durch Discontsteigerungen und fällt
einem Jeden in die Augen. Wir haben dieselbe 1873 erlebt.
Aber es giebt auch eine chronische Krisis, entstehend aus einer
allmäligen inneren Vertheuerung des Geldes, wenn dasselbe
rarer und theurer wird, und diese Krisis entstand 1874, als das
Silber durch Einstellung der freien Prägung von der Ver=
mehrung der Circulation ausgeschlossen wurde.

Diese chronische Krisis, die Geldvertheuerung, das Sinken
der Preise, und die socialen Folgen dieser Erscheinung habe ich
Ihnen schildern wollen, doch die Zeit erlaubt es nicht mehr.
Wenn Sie aber in einiger Zeit eine von mir übersetzte Schrift
meines ausgezeichneten Lehrers in der Währungsfrage, Emile de
Laveleye, welche diesen Gegenstand behandelt, gelesen haben
werden, die unser Verein Ihnen demnächst liefern wird, dann
werden Sie, wie ich denke, mit meinem Lehrer und mir ausrufen:
„Es giebt keine revolutionärere Maßregel als die ausschließliche
Goldwährung und nie hat die Welt ein Attentat auf die Gesell=

4

ſchaftsordnung der ganzen Welt geſehen, wie ſie in der Ver=
bannung des Silbers enthalten iſt."

Paul Heinicke, Freiberg in Sachſen.

Durch Einführung der Goldwährung haben nicht allein
Handel, Induſtrie und Landwirthſchaft ſchwer gelitten, auch der
deutſche Silberbergbau empfindet die hierdurch entſtandene Ent=
werthung des Silbers ſchwer und ſind wir deshalb zu dem heute
hier ſtattfindenden internationalen Congreß von den im Frei=
berger Bergamtsrevier gelegenen Gruben hergeſandt worden, um
unſere berechtigten Klagen zu Gehör zu bringen.

Unſer ſächſiſcher Erzbergbau, dem unſer Vaterland einen er=
heblichen Theil ſeines Wohlſtandes verdankt, und der ca. 700
Jahre hindurch eine nach vielen Tauſenden zählende Arbeiter=
bevölkerung gut nährte, geht ſeit der von Jahr zu Jahr immer
größer werdenden Silberentwerthung erheblich zurück und es iſt
nicht abzuſehen, was werden ſoll, wenn trotz größter Sparſamkeit
die fort und fort geringer werdende Ausbeute die beim Bergbau
betheiligten Kapitaliſten immermehr abwendig macht.

Der Verluſt, welchen Deutſchlands Silberbergbau durch
Entwerthung des Silbers erlitten, beziffert ſich auf ca. 40
Millionen Mark, hieran participiren Mansfeld mit ca. jährlich
einer Million, während die im Bergamtbezirk Freiberg gelegenen
Gruben bis jetzt 4,191,000 Mark verloren haben.

Bernhardi=Dortmund.

M. H., ich habe zunächſt den Auftrag, von Seiten der
Dortmunder Handelskammer dem Herrn Präſidenten und dem
Vorſtande des Vereins den verbindlichſten Dank für die Ein=
ladung, die uns zu Theil geworden iſt, auszuſprechen und Sie
zu beglückwünſchen, daß Sie verſtanden haben, eine ſo ſtattliche
Verſammlung hier zuſammenzurufen.

Die Theſen, die Sie uns heute vorgelegt haben, decken ſich
in allen weſentlichen und zur Zeit in Frage kommenden Punkten
mit dem, was unſere Handelskammer bereits ſeit mehreren
Jahren öffentlich vertreten hat. Wir können alſo den Theſen
en bloc zuſtimmen und uns betreffs einiger Anſtände in der
Weiſe abfinden, daß wir dieſelben einfach conſtatiren und ihren
Austrag der Zukunft vorbehalten. Wir waren über den Umfang
der praktiſchen Maßregeln nicht ganz mit Ihnen im Einklang
und ebenſo über die ſehr wichtige Frage der freien Prägung,
der gegenüber die Handelskammer nicht auf die Stellung kommen
kann, welche der Verein einnimmt.

Ich hatte die Aufgabe, Ihnen dies in längerer Motivirung
klar zu legen; muß heute jedoch hierauf bei der vorgerückten
Zeit verzichten und kann es umſomehr, als die Theſen und die
thatſächlichen Maßregeln, die der Vorſtand befürwortet, dieſen

Punkt nur sehr beiläufig berühren. Bezüglich der zunächst zu empfehlenden praktischen Schritte hat die Handelskammer geglaubt, dahin drängen zu sollen, daß man in dieser Versammlung nicht lediglich die definitive Wiederherstellung des Werthes unserer Thaler verlangen, sondern weiter gehen und die Aufnahme staatlicher Silberprägungen empfehlen möge, um dem so außerordentlich drückenden Mangel an Umlaufsmitteln abzuhelfen. Dieser Gegenstand würde unseren Wünschen entsprechend geordnet sein, wenn die uns im Entwurf englisch und deutsch vorliegende Resolution acceptirt werden wird. So bleibt als Hauptdifferenzpunkt nur die Frage der freien Prägung; sollte dieselbe später an uns praktisch herantreten, dann wird die Handelskammer zu Dortmund sie aufs Neue und Gewissenhafteste prüfen und nicht deshalb ihr altes Urtheil beibehalten, weil es heute hier ausgesprochen ist. Wir haben es auch in solchen Sachen mit dem Fürsten Bismarck gehalten, der stolz darauf ist „nicht zu denjenigen Leuten zu gehören, die mit den Jahren und den Erfahrungen nichts lernen und nichts lernen wollen."

Zu These VII. ergreift das Wort:

Freiherr v. Marschall.

Gestatten Sie mir nur einige Worte; ich kann mich bei der vorgerückten Zeit um so kürzer fassen, als die Begründung der These, welche ich zu vertreten habe, sich schon aus den Ausführungen des Herrn Vorredners ergiebt. Wir streben als Ideal die internationale Doppelwährung an; ist dieses Ideal wegen des Widerstands Englands zur Zeit nicht erreichbar, so dürfen wir deshalb nicht die Hände in den Schooß legen und einfach die weitere Entwickelung der Dinge abwarten; das Beste, das wir zur Zeit nicht erreichen können, darf nicht der Feind des Guten werden, das jetzt schon erreichbar ist. Um die Restitution des Silbers d. h. die Wiedereinsetzung des Silbers in seine früheren Rechte anzubahnen, ist vor allem nöthig, daß wir definitiv auf die Maßregeln verzichten, welche geeignet sind, der weiteren Silberentwerthung Vorschub zu leisten, wir müssen durch definitive Beibehaltung der Silberthaler die Wiederaufnahme der Silberverkäufe unmöglich machen. M. H. Sollte dieser Entschluß uns wirklich so schwer fallen? Liegt in der Situation des Augenblicks auch nur ein Moment, das uns reizen könnte, Silber zu verkaufen und Gold zu kaufen? Im Gegentheil! Wo wir hinblicken sehen wir die Beängstigung wegen der beginnenden Goldknappheit; tritt Deutschland als Silberverkäufer und Goldkäufer in London auf, so ist eine neue Krisis auf dem Edelmetallmarkt fast unausbleiblich; besten Falls werden wir neue schwere Verluste erleiden, ohne irgend etwas zu profitiren. Ich kann mich in dieser Beziehung auf das Urtheil eines in solchen Fragen maßgebenden Mannes, nämlich des Ver-

4*

faffers der bekannten Denkschrift in der Norbb. Allg. Ztg. berufen, der uns die Schwierigkeit, ja Unmöglichkeit nachweist, in irgend erheblichen Quantitäten Gold gegen Silber zu beschaffen und daran anknüpfend darlegt, daß, wenn uns dies gelingt, wir erst recht den Angriffen des Goldbedürfnisses ausgesetzt seien. Gerade dann würde sich das Beispiel mit der „Sorgen=Decke" als zutreffend erweisen: gelingt es uns mit einem gewaltigen Ruck einen größeren Zipfel der Decke an uns zu ziehen, so werden die Anderen um so stärker daran ziehen, um uns das Gewonnene wieder zu entziehen. Daß wir mit der definitiven Beibehaltung der Silberthaler allein eine erhebliche Preis= steigerung des Silbers herbeiführen könnten, dieser Illusion geben wir uns nicht hin, nichts anders beabsichtigen wir, als daß zur Vorbereitung weiterer gesetzlicher Maßnahmen von dem Silber= markt der Druck genommen werde, welchen der fortwährend auf Verkauf stehende Thalerschatz Deutschlands ausüben muß. Man hat den Bimetallisten vorgeworfen, daß sie „die Geschäftswelt beunruhigten." Wenn man das hört, sollte man wirklich meinen, es sei heutzutage in monetärer Beziehung Alles in schönster harmonischer Ordnung und nun kommen einige Unruhestifter, um dieselbe zu zerstören. Gerade das Gegentheil ist der Fall. Fast nirgends bestehen definitve Münzzustände, überall Uebergangs= stadien, überall Unruhe wegen der Zukunft des Silbers. An= gesichts solcher Verhältnisse ist es die Aufgabe zunächst das **Vertrauen in die Zukunft des Silbers** wiederherzustellen. Was hierzu beitragen kann, das soll unsererseits geschehen, denn nur dann können wir hoffen, daß bessere Verhältnisse in mone= tärer Beziehung wieder eintreten.

Zu Thefe VIII. ergreift das Wort der Vorsitzende, Reichs= tagsabgeordneter von Kardorff. M. H. Das Referat über Thefe VIII. hatte unser Vorstandsmitglied, Reichstagsabgeord= neter Dr. Frege=Sachsen übernommen. Leider ist Herr Dr. Frege in letzter Stunde durch eine Erkrankung in der Familie verhin= dert worden, hier zu erscheinen. Es war uns nicht mehr mög= lich, Ersatz für den Referenten zu suchen, allein ich glaube, daß die Ausführungen der Herren Vorredner Ihnen die Situation bereits genügend geklärt haben. Es kommt jetzt darauf an, die Möglichkeit einer Wiederaufnahme der Silberverkäufe definitiv aus der Welt zu schaffen. M. H. Mit Reden und Resolution werden wir das Ziel nicht erreichen, wir haben deshalb geglaubt, zu positiven Maßregeln greifen zu müssen. Ich kann Ihnen mittheilen, daß die hier anwesenden Reichstagsmitglieder beschlossen haben, in der nächsten Session des Reichstages einen Gesetzent= wurf einzubringen, dem bereits hervorragende Mitglieder der ein= flußreichsten Fraktionen zugestimmt haben und der unsern Wün= schen eine konkrete Gestalt geben soll. M. H., dieser Gesetzent=

wurf, der, wie ich hoffe, im Reichstag die Mehrheit der Stim=
men auf sich vereinigen wird, hat folgenden Wortlaut:

Project eines Gesetzes betreffend Umänderung der
deutschen Münzgesetzgebung.

§ 1. An Stelle der im Münzgesetz vom 9. Juli 1873 vor=
gesehenen Einführung der Reichsgoldwährung bleibt die durch
kaiserliche Verordnung vom 22. September 1875 eingeführte
Reichswährung in Kraft.

§ 2. Die Bestimmungen des Gesetzes vom 4. December
1871, betreffend die Ausprägung von Reichsgoldmünzen, behalten
Gültigkeit, doch erlischt die Befugniß der Regierung zur Ein=
ziehung grober Silbermünzen auf Grund des § 11 al. II. dieses
Gesetzes.

§ 3. Art. 2 des Münzgesetzes vom 9. Juli 1873 tritt
außer Kraft. Die auf Grund desselben ausgeprägten halben
Kronen werden auf Kosten des Reichs in Doppelkronen umgeprägt.

§ 4. Die nach Art. 3 des Münzgesetzes vom 9. Juli 1873
zu 20 resp. 50 Stück auf das Pfund Feinsilber ausgeprägten
5= resp. 2=Markstücke werden eingezogen und auf Kosten des
Reichs unter Verwendung der im Besitze des Reichs befindlichen
Silberbarren in Zweimarkstücke zu 45 Stück auf das Pfund fein
umgeprägt. Die technischen Vorschriften für die neu auszuprä=
genden Zweimarkstücke erläßt der Bundesrath.

§ 5. Neuausprägungen von Silbermünzen sind, abgesehen
von der Umprägung schadhafter Stücke, fortan nur auf Grund
eines Gesetzes zulässig.

§ 6. Die Thaler deutschen und die diesen gesetzlich gleich=
gestellten Thaler österreichischen Gepräges werden beibehalten
und sind in allen Zahlungen an Stelle aller Reichsmünzen zu
3 Mark anzunehmen. (cf. Art. 15 des Münzgesetzes vom 9.
Juli 1873.)

§ 7. Das Gesetz vom 6. Januar 1876, betreffend die Außer=
kurssetzung der Thaler, tritt außer Kraft. Eine Einziehung
und Einschmelzung von Thalern findet fortan nicht mehr statt.

§ 8. Die neu ausgeprägten Zweimarkstücke gelten in
allen Zahlungen an Stelle aller Reichsmünzen zu 2 Mark. Die Be=
stimmungen des Art. 9 des Münzgesetzes vom 9. Juli 1873 blei=
ben bezüglich der Reichssilbermünzen nur für die Münzen vom
Einmarkstück abwärts in Kraft.

§ 9. Der Bundesrath bestimmt den Termin, an welchem
dieses Gesetz in Kraft tritt.

Reichstagsabgeordneter von Kardorff.

M. H. Wir haben aber geglaubt, uns nicht auf diese iene
Aktion beschränken zu dürfen. Es ist uns ferner gelungen, mit
den hier anwesenden Vertretern der International Monetary
Standard Association uns über ein gemeinsames Vorgehen zu
verständigen. Durch die Beibehaltung des deutschen Silberbe=

ſitzes ſoll die Baſis geſchaffen werden, auf welcher hoffentlich
Schritt für Schritt die Reſtitution des Silbers erfolgt. Von
dieſem Geſichtspunkte aus haben die engliſchen Vertreter die fol=
gende Reſolution vereinbart, die für uns Herr Profeſſor Lexis
und für die Vertreter der engliſchen Liga Mr. Tibman, Ehren=
ſekretair der Aſſociation, vor Ihnen motiviren werden.

Internationale Reſolution.

„Zu dem Zweck, ein feſtes Werthverhältniß zwiſchen Gold
und Silber herzuſtellen, iſt es für England und Deutſchland
wünſchenswerth:

1. daß in beiden Ländern der Gebrauch von Silber durch
Prägung vollwerthiger Silbermünzen neben der Silberſcheide=
münze vergrößert werde;

2. daß Deutſchland alles Gold und Papier unter dem Werthe
von 10 Mark einziehe;

3. daß Deutſchland kein weiteres Silber verkaufe;

4. daß die Bank von England von ihrem exiſtirenden Rechte
Gebrauch mache, Silber als Theil ihrer Reſerve zu halten.“

Prof. Lexis gab einige Erläuterungen zu der Reſolution.
Dieſelbe laſſe' in Betreff der Regelung der Einzelheiten einen
weiten Spielraum, aber dieſe einigermaßen unbeſtimmte Faſſung
ſei von dem Ausſchuß abſichtlich gewählt worden, weil die Ver=
ſammlung nicht den Beruf habe, den etwaigen Verhandlungen
der beiden Regierungen hinſichtlich der Details vorzugreifen. Es
ſei namentlich auch das Werthverhältniß 15½ : 1 nicht ausdrück=
lich erwähnt, aber man glaube mit größter Wahrſcheinlichkeit an=
nehmen zu dürfen, daß, wenn überhaupt einmal zwiſchen Deutſch=
land und England über die Annahme eines feſten Werthverhält=
niſſes verhandelt werden ſollte, jenes hiſtoriſche, in dem Nominal=
werth von mehreren Milliarden Silbermünzen noch repräſentirte
Verhältniß durch die Macht der Umſtände durchgeſetzt werden
würde. Es ſei auch nichts über die Ausdehnung der zunächſt
vorzunehmenden Prägungen vollwerthiger Silbermünzen geſagt;
Deutſchland aber werde in dieſer Beziehung nicht mehr verpflich=
tet wie England, und ſo bald England auch nur eine einzige Sil=
bermünze mit voller Zahlungskraft geprägt hätte, trete die Sil=
berfrage in ein neues Stadium und werde die abwärts gehende
Bewegung des Silbers umſchlagen in eine aufwärts ſteigende.
Die volle Rehabilitirung deſſelben werde' freilich auch dann noch
nicht mit einem Schlage zu erreichen, ſondern von einem ferneren
natürlichen Entwickelungsprozeß zu erwarten ſein. Den Beginn
einer ſolchen Entwickelung durch praktiſche, nur auf das zunächſt
Erreichbare gerichtete Vorſchläge zu befördern, ſei der Zweck der
Reſolution.

Mr. Tidman-London.

Mr. President and Gentlemen,

You are aware of the circumstances under which i occupy the important post of seconder of our international resolution. Had the health of our president, Mr. Hucks-Gibbs, allowed of his joining in our debates, the fullest possible justice would have been done to the subject and his words would have come with an authority to which mine can have no possible claim. Gentlemen, howeve unfit i am to fill his place, i think that, at any rate, i may claim to be well acquainted with his views and his hopes in respect of this first international bimetallic conference, and if i have the boldness to express those views to you on behalf of my colleagues and the english association, it is because, in England — as in Germany, no soldier will shirk his duty, and the kindness of your welcome, makes me feel that i am at home.

In Germany, you are proverbially a logical people, and my task in urging your unanimous acceptance of this resolution is, therefore, a light one. The theses, which have been expounded to-night, with so much ability and lucidity, leave us no option but to express a wish for some united action on the part of Germany and England, to get rid of the uncertainties which are inseparable from the existing disturbed relations between gold and silver. Professor de Laveleye has, with the master touch, presented a general view of the monetary situation as it now is; M. Haupt, by his unsparing analysis, has forced us into an admission of its unsatisfactory character; his excellency Herr von Roggenbach, has incited us to take our part in the work of reform; professor Lexis has shewn us, that the way in which it is proposed to accomplish this - by ·the establishment of the bimetallic standard, is a sound and scientific way, and now therefore, gentlemen, i put it to you, that we are bound to take the step, small and insufficient as it appears to myself and colleagues, and express the desire for the joint action of our governments, by way of helping forward the cause which we are met to support. It has been said in the course of debate, that Germany is suffering; that is true; that England is suffering; that is true; that India is suffering, — that, too, is from one aspect true; if it had been said, the whole world is suffering, i should have been prepared to say, that is true also, and with that conviction, it is the bounden duty of everyone to combat our incoherent paradoxical monetary systems, which we hold to be at the bottom of the suffering complained of, and to advocate — whether through good report or evil report, the adoption of one international standard, as the means of international commercial intercourse, which is the greatest civilizing power, and one of the best guarantees of peace.

We are the more glad to be able to support this resolution, because it emanates — not from us, but from Germany. When his excellency did us the honour of consulting us upon the form which an international resolution of this kind should take, i may say that we saw danger. lest such a resolution might be regarded as a sacrifice of the principle upon which our english associaton is founded. Gentlemen, it is our first duty to declare our conviction that the concession of free mintage is essential to the maintenance of a fixed ratio between gold and silver. Free mintage is the basis of our association and, though i have used the word concession, we are here to assert that free mintage is a right, which international commerce should demand, rather than a concession, which it is within the province of any government to make. The free mintage of silver in our own country, as in others, is the goal at which we aim, and for which we shall struggle until succes is achieved.

You have herd from Mr. Kisch, of what has been done in the last few months in England, and how that the bimetallic movemfent is freely discussed, where a year ago it was ignored. We do not underrate our difficulties; a large portion of the press has opposed us, sometimes with argument, sometimes with anger and iusolence. But, argument and insolence are alike welcome, because we find that both make converts to our cause, and i believe it to be strictly true, as our vice-president, Mr. Cazalet, in the letter which regrets his enforced absence to-day, remarks, that when we make converts, we keep them, and that no- one has ever come forward to announce himself a pervert from bimetallic doctrine to faith in the gold standart. The hardest thing which has been said of our association has come — not from our country, but yours. It has been affirmed by your great authority at Gottingen, prof. Soetbeer, that our

only object is to induce other nations to adopt the bimetallic standard, while England stands aloof and reaps some
supposed benefit from a union formed irrespective of her.
We are here, gentlemen, to give a positive and emphatic
denial to that statement. The english association
desire the success of reform in their own country as
in every other and we have endeavoured to demon-
strate that a bimetallic union which should exclude
Great-Britain, would be the cause of serious damage to the
commercial interests of our empire.

Of the contents of this resolution it is not necessary
for me to say much, for Professor Lexis has so fully
commented upon it. Of the two desires expressed as
regards England, one may be looked on as already granted;
i mean the proposed action on the part of the bank of
England, and the other; the desire that our government
should carry out their publicly expressed willingness to aid
in maintaining the demand for, and therefore the value of,
silver, i cannot but regard as a very modest petition upon
our part and yours. That it would be a step in the right
direction, we believe, and a testifyiug to the need of
mutual concession in this controversy; an admission of
common interests; an act of homage to the brotherhood
of nations.

We have been charged as individuals, with being self-
seekers in this matter; it has been said that our own
interests will be benefitted by the adoption of the principles
we advocate. Gentlemen, i never deny it; but i make bold
to assert that your interests, as well as mine, will be
furthered and so also will the interests of every man who
is taking his share in the development of the material
prosperity of the world.

Ridicule has been thrown on our agitation, as being
iusignificant and wanting in influence; but the sneers i allude
to, were given expression to, before this beautifnl hall had
been crowded with attentive listeners and among the ranks
of those speaking in their own person or by letter, had
been found men illustrious throughout Europe, for whom a
courtly welcome had been provided by the very first citizens
of Cologne. But in any case, i do not deem those to be
wise men, who despise the day of small things; your grand
river has but a small beginning; freedom in England had

but a small beginning and so, too, had the greatest event
of modern times — the hard won unity of the german
fatherland. We can afford to wait. Every convert whom
we make, becomes a preacher of the faith, and is worth
ten thousand of unenquiring, unreasoning partizans of
monetary superstition. The cause we are engaged in is one
which deserves the sacrifice of our time and our convenience.
We would act upon the great maxim, true of the body
politik as of every other — that wen one member suffers,
all the members suffer; we aim at breaking down one of
the barriers in the way of the free intercourse of nations.
We cannot all have one common language, but we may
have one common standard of values, one recognized
measure, by which all our dealings with each other are
carried on, and such an object is, i say, worth striving for
because, in pursuing it, we are seeking the interests — not
of one class or of another; the welfare — not of a small
section but, of the great masses of the different peoples
whom we severally represent to-day.

Herr Präſident und meine Herren!

Sie kennen die Umſtände, unter welchen ich den wichtigen
Poſten eines Unterſtützers unſerer internationalen Reſolution
einnehme. Hätte die Geſundheit unſeres Präſidenten, Mr. Hucks
Gibbs, ihm geſtattet, an unſeren Debatten Theil zu nehmen, ſo
würde dem Gegenſtande gewiß die vollſte Genüge geſchehen ſein,
und ſeine Worte wären überdies mit einer Autorität gekommen,
auf welche die meinen keinen Anſpruch machen können. Meine
Herren! ſo unfähig ich auch bin, ſeine Stelle einzunehmen, ſo
denke ich doch jedenfalls, daß ich beanſpruchen kann, ſeine An=
ſichten und Hoffnungen, in Bezug auf dieſe erſte, internationale
bimetalliſtiſche Conferenz genau zu kennen, und wenn ich die
Kühnheit habe, dieſe Anſichten Namens meiner Collegen und
der engliſchen Aſſociation, vor Ihnen auszuſprechen, ſo geſchieht
es, weil in England — gerade ſo wie in Deutſchland — kein
Soldat vor ſeiner Pflicht zurückſchrickt; die Freundlichkeit Ihres
Willkommen gibt mir aber das Gefühl, als ob ich zu Hauſe wäre.
Sie in Deutſchland ſind ſprichwörtlich ein logiſches Volk,

und meine Aufgabe, Ihre einstimmige Annahme dieser Resolution zu befürworten, ist deßhalb eine leichte. Die Thesen, welche heute Abend mit soviel Talent und Klarheit entwickelt sind, lassen uns keine Wahl, als den Wunsch nach irgend einer vereinigten Thätigkeit von Seiten Deutschlands und Englands auszusprechen, um die Unsicherheiten los zu werden, welche von den existirenden, gestörten Beziehungen zwischen Gold und Silber unzertrennlich sind. Professor de Laveleye hat mit Meisterhand ein allgemeines Bild der monetären Situation, wie sie jetzt ist, entrollt. Mr. Haupt hat uns durch seine schonungslose Analyse zur Einräumung ihres unbefriedigenden Characters gezwungen. Seine Excellenz Herr von Roggenbach hat uns angefeuert, uns an dem Reformwerk zu betheiligen. Professor Lexis hat uns gezeigt, daß der vorgeschlagene Weg hierzu — mittelst der Einführung der Doppelwährung — ein gesunder und wissenschaftlicher ist, und deßhalb nun, meine Herren, sage ich Ihnen, daß wir verpflichtet sind, den Schritt zu thun — wie gering und ungenügend derselbe auch mir und meinen Collegen erscheint, und den Wunsch nach gemeinsamer Action unserer Regierungen auszusprechen, um die Sache fördern zu helfen, welche wir zu stützen hier zusammen gekommen sind. Es ist im Laufe der Debatte gesagt worden, daß Deutschland leide, das ist wahr, daß England leide, das ist wahr, daß Indien leide, auch das ist von Einem Gesichtspunkte wahr. Wenn gesagt wäre, daß die ganze Welt leide, so wäre ich vorbereitet gewesen zu sagen: Das ist auch wahr, und mit dieser Ueberzeugung ist es die heilige Pflicht eines Jeden, unsere unzusammenhängenden, paradoxen monetären Systeme zu bekämpfen, die wir für die Ursache der Leiden, über welche man sich beklagt, halten, und — wohl oder übel — die Adoptirung einer einzigen internationalen Währung zu befürworten, als Mittel internationalen Handelsverkehrs, welcher die größte civilisatorische Macht und eine der besten Garantien des Friedens bildet.

Es freut uns um so mehr, diese Resolution unterstützen zu können, weil sie nicht von uns, sondern von Deutschland ausgeht. Als Seine Exc. von Roggenbach uns die Ehre erwies, uns über die Form, welche eine internationale Resolution dieser Art haben müsse, zu consultiren, sahen wir, ich darf es wohl sagen, Gefahr, daß eine solche Resolution als eine Aufgabe des Princips, auf welchem unsere Englische Association steht, betrachtet werden könne. Meine Herren! es ist unsere erste Pflicht, unsere Ueberzeugung zu erklären, daß die Concedirung (Concession) freier Prägung wesentlich ist, um ein festes Werthverhältniß zwischen Gold und Silber zu erhalten. Freies Prägungsrecht ist die Grundlage unserer Association, und obschon ich das Wort Concession gebraucht habe, so sind wir doch hier, um zu behaupten, daß freie Prägung ein Recht ist, welches der internationale Verkehr verlangen sollte, weniger eine Concession, welche irgend einer Regierung zu machen oder nicht, freistände. Die freie Prägung von Silber in unserem eigenen Lande, wie in anderen, ist das Ziel, nach welchem wir streben, und für welches wir kämpfen werden, bis wir es erreicht haben.

Sie haben von Mr. Kisch gehört, was während der letzten beiden Monate in England gethan ist, und wie die bimetallistischer Bewegung frei discutirt wird, wogegen man sie vor einem Jahre ignorirte. Wir unterschätzen unsere Schwierigkeiten nicht. Ein großer Theil der Presse ist gegen uns, zuweilen mit Gründen, zuweilen mit Zorn und Unduldsamkeit. Aber Argumente und Gehässigkeit sind uns gleich willkommen, weil wir nämlich finden, daß beide uns Anhänger werben, und ich glaube, daß es genau zutrifft, wie unser Vicepräsident Mr. Cazlet in dem Briefe, worin er seine ihm aufgenöthigte, heutige Abwesenheit bedauert, bemerkt, daß wenn wir Leute bekehren, wir sie behalten, und daß noch nie Jemand sich bekannt hat, er sei von der bimetallistischen Lehre zu dem Glauben an die Goldwährung übergetreten. Der härteste Ausspruch über unsere Association ist nicht von England, sondern von Ihrem Lande ausgegangen. Es ist von Ihrer großen Autorität in Göttingen, Professor Soetbeer, behauptet worden, daß unser einziger Zweck sei, andere Nationen zu bewegen, die Doppelwährung anzunehmen, während England abseits stehen und die Wohlthaten einer ohne seinen Beitritt gebildeten Union genießen wolle. Wir sind hier, meine Herren, um diese Ansicht positiv und emphatisch Lügen zu strafen. Die Englische Association wünscht der Reform in ihrem eigenen Lande, wie in jedem andern, Erfolg und wir haben uns bemüht zu beweisen, daß eine bimetallistische Union, welche Großbrittannien ausschlösse, eine ernste Schädigung der commerciellen Interessen unseres Reiches verursachen würde.

Ueber den Inhalt dieser Resolution brauche ich nicht viel zu sagen, denn Professor Lexis hat schon so erschöpfend darüber commentirt. Von den beiden, in Bezug auf England, ausgesprochenen Wünschen, kann der eine bereits als gewährt betrachtet werden. Ich meine die beantragte Maßregel Seitens der Bank von England, und den anderen: den Wunsch, daß unsere Regierung ihre öffentlich ausgesprochene Bereitwilligkeit, die Nachfrage nach und also den Werth von Silber zu erhalten, bethätige, kann ich nur als eine sehr bescheidene Petition unserer und Ihrer Seits ansehen. Daß es ein Schritt in der rechten Richtung sein würde, glauben wir, und zwar ein Schritt, welcher die Nothwendigkeit gegenseitigen Entgegenkommens in dieser Controverse bezeugte, eine Einräumung gemeinsamer Interessen, ein Act der Huldigung für die Brüderschaft der Nationen.

Wir sind als Individuen beschuldigt, in dieser Sache selbstsüchtig zu sein. Man hat gesagt, unsere eigenen Interessen würden durch die Annahme der von uns befürworteten Prin=

zipien gefördert. Meine Herren, ich werde das nie läugnen; aber ich wage zu behaupten, daß Ihre Interessen ebenso gut wie die meinen, dadurch gefördert werden, wie von Jedem, der an der Entwicklung der materiellen Prosperität der Welt irgend= wie betheiligt ist.

Man hat unsere Agitation lächerlich gemacht, als unbe= deutend und einflußlos; aber das Gespött, auf welches ich hin= deute, fand Ausdruck, bevor dieser schöne Saal mit Zuhörern gefüllt war und bevor unter den Reihen derjenigen, welche in Person oder durch briefliche Kundgebung hier vertreten sind, sich Männer fanden, welche in ganz Europa berühmt sind und denen eine schmeichelhafte Aufnahme Seitens der ersten Bürger Cölns bereitet wurde. Aber in jedem Falle halte ich diejenigen nicht für weise, welche das Kleine verachten.

Ihr großer Rheinstrom hat auch nur einen kleinen Anfang.

Die Englische Freiheit fing klein an, und das größte Ereigniß unserer Tage auch — die hart erkämpfte Einigung des deutschen Vaterlands. —

Wir können warten. Jeder, den wir bekehren, wird zugleich ein Prediger des Glaubens und ist Zehntausende von nicht forschenden, nicht denkenden Parteigängern des monetären Aber= glaubens werth. Die Sache, für welche wir uns engagirt haben, verdient das Opfer unserer Zeit und unserer Bequemlichkeit. Wir möchten nach der großen Maxime handeln, die vom poli= tischen Körper, wie von jedem andern wahr ist — daß, wenn Ein Glied leidet, alle leiden. Wir streben darnach, eines der großen Hindernisse zu beseitigen, welche dem freien Verkehr der Nationen im Wege stehen. Wir können nicht alle Eine Sprache haben, aber wir können Einen gemeinsamen Werthmesser, Ein anerkanntes Maaß haben, womit wir unsere gegenseitigen Ge= schäfteregeln, und ein solches Ziel ist, sage ich, des Kampfes werth, weil wir, in Verfolg desselben, nicht die Interessen der einen oder andern Classe, die Wohlfahrt nicht von einem kleinen Bruchtheil, sondern der großen Masse von Nationen, welche wir heute repräsentiren, befördern.

———————

Vorsitzender Reichstagsabgeordneter von Kardorff.

M. H. Die „Internationale Resolution", die Ihnen von den beiden Herren Vorrednern so gründlich motivirt ist, befindet

sich in Ihren Händen. Ich bringe dieselbe nunmehr zur Ab=
stimmung. M. H. Die Resolution ist einstimmig angenommen.
Somit ist unsre Tagesordnung erledigt und schließe ich demnach
die Versammlung mit dem besten Dank für Ihre so rege Auf=
merksamkeit.

Aufruf!

Die schweren wirthschaftlichen Schäden, welche die Demonetisirung und Entwerthung des Silbers hervorgerufen haben;

Die Erkenntniß, daß die vorhandenen Goldvorräthe dem Bedürfniß nicht genügend entsprechen und demnach Goldmangel und Geldvertheurung mit ihren anerkannt verderblichen Wirkungen unvermeidlich bevorstehen;

Die Unmöglichkeit, die Goldwährung in Deutschland selbst unter den schwersten Opfern vollständig durchführen zu können;

Die Gefährdung der Grundlagen des gesammten Deutschen Geld- und Creditsystems durch dauernde Beibehaltung des Status quo, mit der Circulation von beinahe einer Milliarde entwertheten Silbergeldes, die in kritischen Zeiten eine Katastrophe als unvermeidlich erscheinen lassen.

Alle diese schwerwiegenden Gründe, deren Richtigkeit die hervorragendsten Männer der Theorie und der Praxis aller Länder mehr und mehr anerkannt haben, veranlaßte die Unterzeichneten, eine Vereinigung zu bilden, welche auf die Herbeiführung der internationalen, vertragsmäßigen Doppelwährung hinwirken will, weil nur auf diesem Wege die vorhandenen und drohenden Uebelstände beseitigt werden können.

Die Wiederherstellung des alten Werth=Verhältnisses von 1 : 15,₅ ist das Fundament, die schließliche Einführung der freien Ausprägung beider Edelmetalle nach diesem Werthverhältniß das Ziel, für die Uebergangszeit die Deutschen Interessen zu wahren, selbstverständliche Pflicht unseres Vereins.

An alle unsere Gesinnungsgenossen richten wir die bringende Aufforderung, unserem Vereine beizutreten und dadurch ihr Interesse für die gute Sache des Bimetallismus zu bethätigen.

Die Mitgliedschaft wird erworben durch Zahlung eines jährlichen Minimalbeitrages von 5 Mark. Die Mitglieder erhalten alle Publicationen des Vereins gratis übersandt.

Alle Zuschriften für den Verein erbitten wir an unsern Schriftführer Herrn Dr. Otto Arendt, Berlin W., Köthenerstraße, alle Geldsendungen an Herrn Banquier Oscar Keßner, Berlin W., Taubenstraße 30, zu adressiren.

Deutscher Verein für internationale Doppelwährung.

von Kardorff, Vorsitzender.